売上増の無限ループを実現する

DX営業

Sales DIGITAL TRANSFORMATION
Achieve an endless loop of increased sales

NIコンサルティング
長尾一洋
KAZUHIRO NAGAO

KADOKAWA

はじめに

今や「ＤＸ（デジタルトランスフォーメーション）」を他人事だと思っている経営者やビジネスパーソンは皆無でしょう。しかし、実際に自社のＤＸ推進に具体的に取り組んでいる中小企業はまだまだ多くありません。

また、何らかの取り組みは実施していても、単なるデジタル化やペーパーレス化レベルにとどまっていて、経営戦略と紐づいていないケースも多々見受けられます。

ＤＸを進められていない多くの企業の経営者が口にするのが、**「デジタル人材がいない」「ＤＸのための予算がない」「現状は特に困っていない」「何から始めればいいのか分からない」という〝言い訳〟**です。現状維持をよしとして、変革への舵を切ろうとしない人が多いのです。

変化のスピードが速い今の時代、現状維持はすなわち、後退です。自分では安泰だと思っていても、下りのエスカレーターに乗っているかのように、いつのまにか自分のポジションはどんどん下降していきます。ふと危機に気づいたときには、「時すでに遅し」となりかねません。

私が代表を務めるコンサルティング会社では、これまでに一万社以上の中小企業のコンサルティングを行ってきました。常に顧客企業の成長のために力を尽くしてサポートしていますが、ここ数年のＤＸへの取り組みの遅さには危機感を強く抱いています。

２０２２年には中小企業経営者のＤＸへの意識を変えたいという思いから、『デジタル人材がいない中小企業のためのＤＸ入門』（ＫＡＤＯＫＡＷＡ）を上梓しました。中小企業がデジタル人材を採用するのはほとんど不可能で、仮に採用できたとしても活躍の場を提供できないためにすぐに退職してしまう実態を前提に、どのようにデジタル活用を行うべきか、８つの視点からＤＸ戦略を提示したものです。

おかげさまで、多くの中小企業経営者の方にお読みいただき、ＤＸについての相談も、これまで以上に舞い込むようになりました。

けれども、冒頭に述べたように、DXはまだまだ浸透していないのが実情で、補助金がもらえるからとりあえずシステムを導入しておこうかと形だけを整えたり、経理など単体の部署の業務効率化をしたりすることでDXを実現した気になってしまっている人も多いようです。

DXはコストダウンや業務効率化だけでなく、ビジネスモデルや企業戦略までも大きく変えるものです。その結果として「顧客を飛躍的に増やして、確実に売上を伸ばし続ける」こと――これこそ、DXによって企業が目指すべき未来です。

本書では、予算も人的リソースも少ない中小企業が、顧客数増や売上増という企業の存続に大きく関わる指標を持つ営業部門から、DXの導入を始めるべきだという提案をしています。営業部と名の付く部署がなくても、どんな企業にも営業機能はあるはずです。その場合はそこから始めましょう。

顧客数や売上を増やすためにどうすべきかを考えると、自ずとDXの進め方が見えてきます。

デジタル化が進む中で、従来の営業のやり方が通用しなくなっていると感じている中小企業は少なくないでしょう。

多くの情報をインターネットなどで手軽に収集できる今、営業担当者に頼らなくても商品の購入はできます。口コミやランキングによって判断されて、売れる・売れないが決まってしまうこともあります。

「いいものを安く提供すれば売れる」と誠実に商品やサービスを開発し、顧客の元に届けたいと願っている会社は、まじめにコツコツと営業力強化に努めるわけですが、かつてのようにうまくはいきません。

なぜなら、人口減少によって多くの業界で顧客が減っているからです。加えて、デジタル人材が採用できないのと同様、優秀な営業人材も中小企業ではなかなか採用が難しいのです。

営業担当者のパーソナリティや頑張りなど、**「人」に依存した営業力強化は限界**にきています。

しかし、安心してください。本書で提示する営業ＤＸは、営業力を「人」に依存しません。

デジタルの力で、効率的に営業力を強化し、顧客管理を行い、細やかなサポートを実現します。**営業ＤＸでは、「普通」の人が「普通」に仕事をすれば営業力が強化され成果が上がる仕組みを構築することが可能**なのです。

今や、営業方法や体制を抜本的に変えるべきときがきています。ＤＸを推進し企業の存続・発展の根幹である「売上」「顧客数」をいかに伸ばすか、そのうえで経営戦略の刷新にどのように踏み込むか、順を追って解説していきます。

「営業ＤＸ」を起点にして、会社の変革を引き起こすべく、本書を片手に、ＤＸの第一歩を今すぐ踏み出していただきたいと願っています。

CONTENTS

[目次]

はじめに　002

第1章　売上増の無限ループを実現する営業DX

中小企業が目指すべき営業の在り方とは　018
人口推計を見れば営業の未来は明らか　020
「足で稼ぐ」から「データ・デジタルで稼ぐ」時代へ　024
顧客獲得からアフターフォローまで「一気通貫」させる　029
失注客を財産にする戦略的営業　035
顧客のダムを作る　040

第2章 見込み客を創出するマーケティング戦略

２つのダム　失注ダム／顧客ダム 044
すべての顧客を無限ループさせる 047
「観覧車に乗せる」ことで効率良く営業できる 050
ビジネスモデルまでも変革する営業ＤＸ 053
リモート営業に切り替えるだけではいけない 058
営業担当者が自らマーケティングを行う 062
ＬＣＡに必要な４つの要素とは 067
見込み客を創出する動画活用法 075

第3章 ホームページから見込み客を取り込む

問い合わせフォームが営業窓口に 080
MAは採算とデジタル人材次第 082
問い合わせ件数を激増させるための施策 086
見込み客は自動で取り込み、自動で振り分ける 088
名刺のデジタル化で顧客管理 092
テクノロジーを活用して見込み客を自動化・効率化 094

第4章 営業をパラダイムシフトせよ

インサイドセールスを分業すべきか? 100
営業担当者はスパイであれ 103
顧客の購買基準を定める営業プロパガンダ 107
ストラテジックセールスとデジタルの力で、無限ループを回す 111

第5章 SFAで「営業を見える化」する

営業現場は戦略実行の最前線 116
アメリカ式SFAはなぜ日本で定着しなかったのか 118

管理するためのＳＦＡから支援するためのＳＦＡへ　121
「顧客を見える化」する営業支援ツール　131
モチベーションを持続させるゲーミフィケーション　143
ＡＩが秘書になる時代　146
結果管理から先〝考〟管理にシフトせよ　149

第6章　「営業」を起点に経理ＤＸを実現

「知らない」では済まされない電子帳簿保存法　152
エクセル見積もり10の問題点　154
いつでもどこでも作成・承認・提出・保管　160
請求書発行も営業ＤＸの対象　162

第7章 販売・契約後もサポートし商品力を高める

顧客固定度を上げるＣＳＡ 168
顧客との関係性を維持する仕掛け 171
「普通の人」が売れる仕組みを作る 176
動画配信によるサポート体制強化 180
「顧客の声」を全社共有し、商品力をアップ 182
デジタルで細やかな不満やニーズを解消し、工数削減 185
ＬＴＳで重要な心構え 187
仕入れ・生産をフィードフォワードで制御する 190

第8章 営業DXはビジネスモデルを変える

営業DXから全社DXへ 194
関係性を活かし、単発のモノ売りから継続的なサービス売りへ 195
サービス売りの肝となる「タレント」社員の最大化 198
機能や便益に着目し、サービス化を考える 201
物理的ドメインからシフトせよ 203
サービスの付加は、決して新しいものではない 206
アイデア次第でサービス化の可能性は広がる 209
課金方法をどうするか？ 212
営業担当者の評価を変えなければならない 215

終章　営業DXは企業経営の要である

DX時代における競争力の源泉は無形資産　217

孫子の兵法「兵の要にして　三軍の恃みて動く所なり」　222

営業DXが経営戦略の仮説検証ループを循環させる　224

経営を「見える化」する営業DX　226

戦略や長期ビジョンはありますか？　230

おわりに　235

※中小企業の定義は、中小企業基本法によるものや税法上の区分などがあり業種によっても違いますが、本書では業種を問わず、資本金1億円未満、従業員300名未満の企業をイメージし、中小企業と呼んでいます。

1

第１章

売上増の無限ループを実現する営業ＤＸ

中小企業が目指すべき営業の在り方とは

本書では、ＤＸを営業から始めることをお勧めしています。**なぜ営業からなのかというと、そこが顧客（マーケット）との接点であり、売上を作るところだから**です。

企業経営が成り立つのは、売上があってこそ。売上が上がるのは、お金を払ってくれる顧客がいてくれてこそ。どんな高邁な経営理論を語ろうとも、顧客もなく、売上もなければ、すべては空論に過ぎません。

今、営業の在り方は、岐路に立たされています。

中小企業の経営者の中には、「うちは営業力が勝負の会社です」「営業力の強さが自慢だ」と言う方も数多くいますが、特にここ数年は、売上が伸びない、思うように利益を残せていない企業が少なくないように思います。

デジタルシフトへの対応の遅れや、営業担当者の採用難や採用してもすぐに辞めてしまうなどの問題で、自慢の営業力が発揮できていない企業が増加しています。

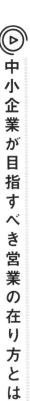

自社商品やサービスをバンバン売ってくれる凄腕営業がいたらどんなにいいだろうと誰もが願うわけですが、正直に申し上げると、それほどの人材が中小企業にきてくれる可能性はほぼゼロです。

営業力に自信のある人や実績のある人は、たいていは自分でビジネスを興したり、高額報酬を得られる仕事を選んだりします。よほどのことがない限り、好んで中小企業を選んでくれることはありません。

中小企業の経営者は、まず、「優れた営業担当者さえきてくれたら……」という叶わぬ夢を捨てる必要があります。今や、優秀かどうかの前に、頭数を揃えるだけで苦労している企業も多いのではないでしょうか？　募集をかけてもあまり応募がないという企業も少なくないはずです。

しかし、営業「力」を諦める必要はありません。**個人の能力に依存するのではなく、デジタルの力を活用することで、「普通」の人が「普通」に仕事をすれば営業力が上がる仕組みを構築することは可能**です。

人口推計を見れば営業の未来は明らか

今、日本が置かれている社会的状況を確認しておきましょう。「人口推計」の推移は、顧客になり得る人の数に直結するので、企業の売上推移にも関わります。

少子化による人口減少リスクが叫ばれていますが、図表1を見ると一目瞭然、確実に日本の人口は減少の一途を辿っています。**人口減少イコール国内顧客が減るので売上減は避けられず、さらに、働き手も減るので人手不足になることも確実**です。

大手企業ですら人材採用に苦労しているのに、採用力で劣る中小企業が思うような人材を採用できないのは自明の理です。優秀な人材は限られていますから、大手企業からのオファーで引く手あまたになり、今後ますます中小企業に採用のチャンスはめぐってこなくなります。

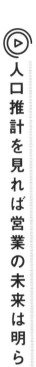

図表１：2020年と2040年の人口ピラミッド

2020年

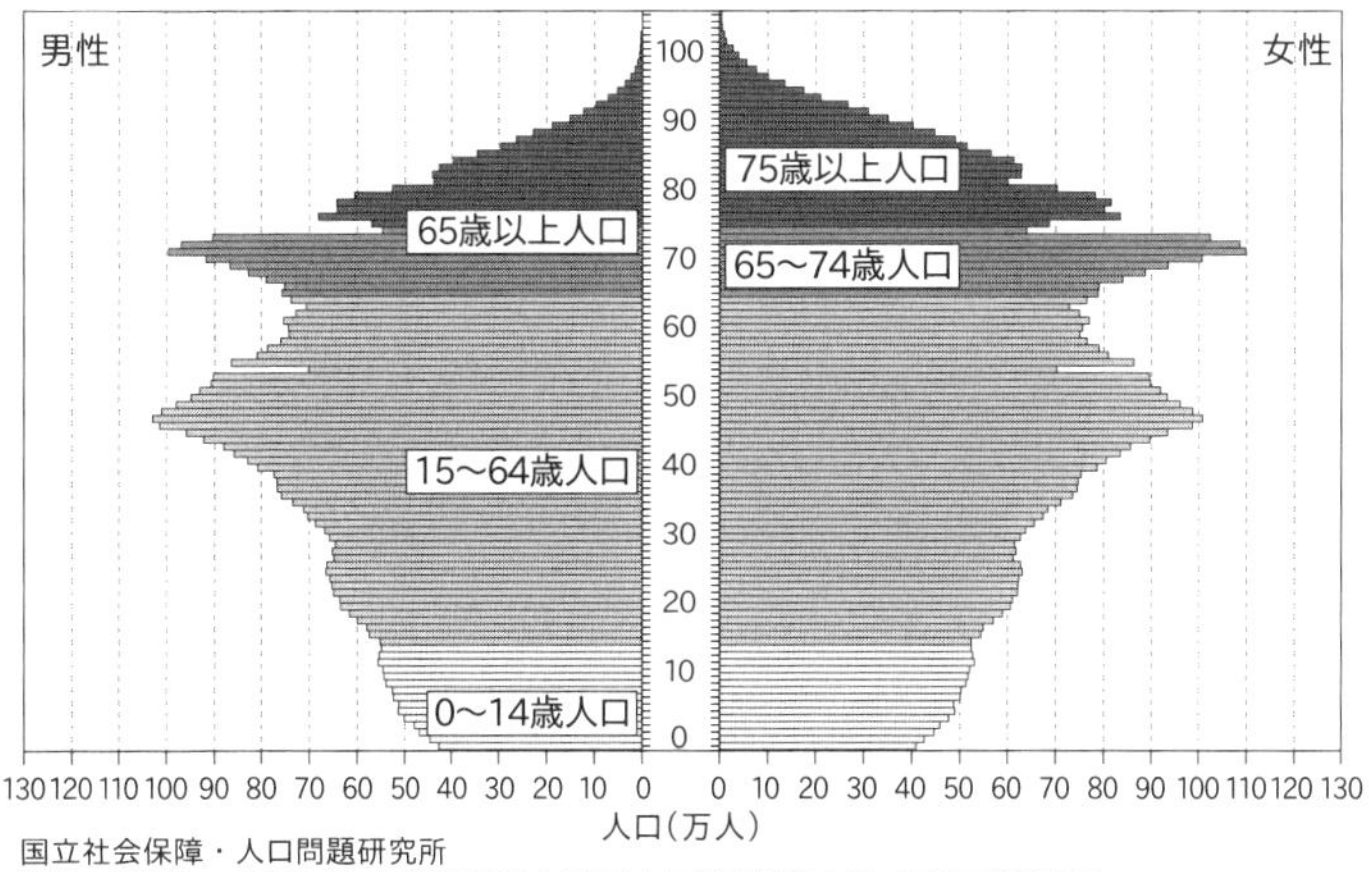

国立社会保障・人口問題研究所
資料：1965～2020年：国勢調査および「日本の将来推計人口」各版の基準人口
2025～2070年：「日本の将来推計人口（令和５年推計）」【出生中位（死亡中位）推計】

2040年（推計）

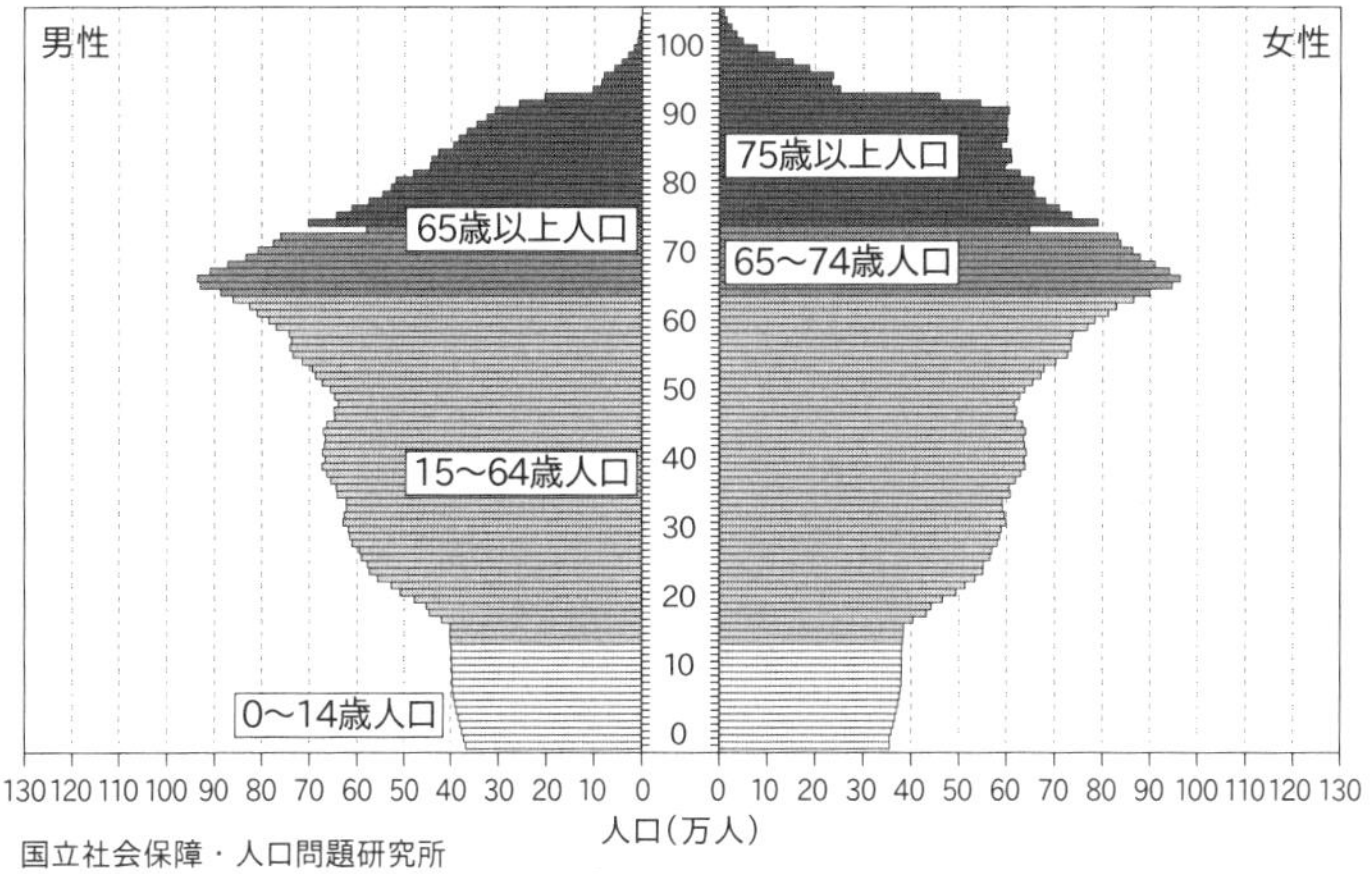

国立社会保障・人口問題研究所
資料：1965～2020年：国勢調査および「日本の将来推計人口」各版の基準人口
2025～2070年：「日本の将来推計人口（令和５年推計）」【出生中位（死亡中位）推計】

また人口だけでなく、一人当たりの労働時間も減少しています。

図表2の総実労働時間数の推移を見てください。

1980年代からバブル崩壊前までは、常用労働者一人当たりの年間総実労働時間は、およそ2100時間で推移しています。

その後、週休二日制が当たり前となり、景気の停滞も続き、働き方改革で残業時間の制限が厳しくなったりしたことで、コロナ禍が起こる前には、1800時間ほどに減少しました。

働き方改革によって、高齢者や女性の労働参加率は上がりましたが、生産年齢人口が減少する中で、**一人当たりの働く時間が年間300時間も減っている**のです。

特に営業職の場合には、高齢者や女性が短時間で勤務するようなケースが少なく、働き方改革によるプラス効果は限定的であったと言えます。

一方、「日本は給与が上がっていない」「デフレが続いて賃上げされていないので停滞したままである」と言われることもありますが、それはあくまでも日本経済全体を

図表２：人口だけでなく労働時間も減少

常用労働者1人平均年間総実労働時間数　1947～2022年　年平均

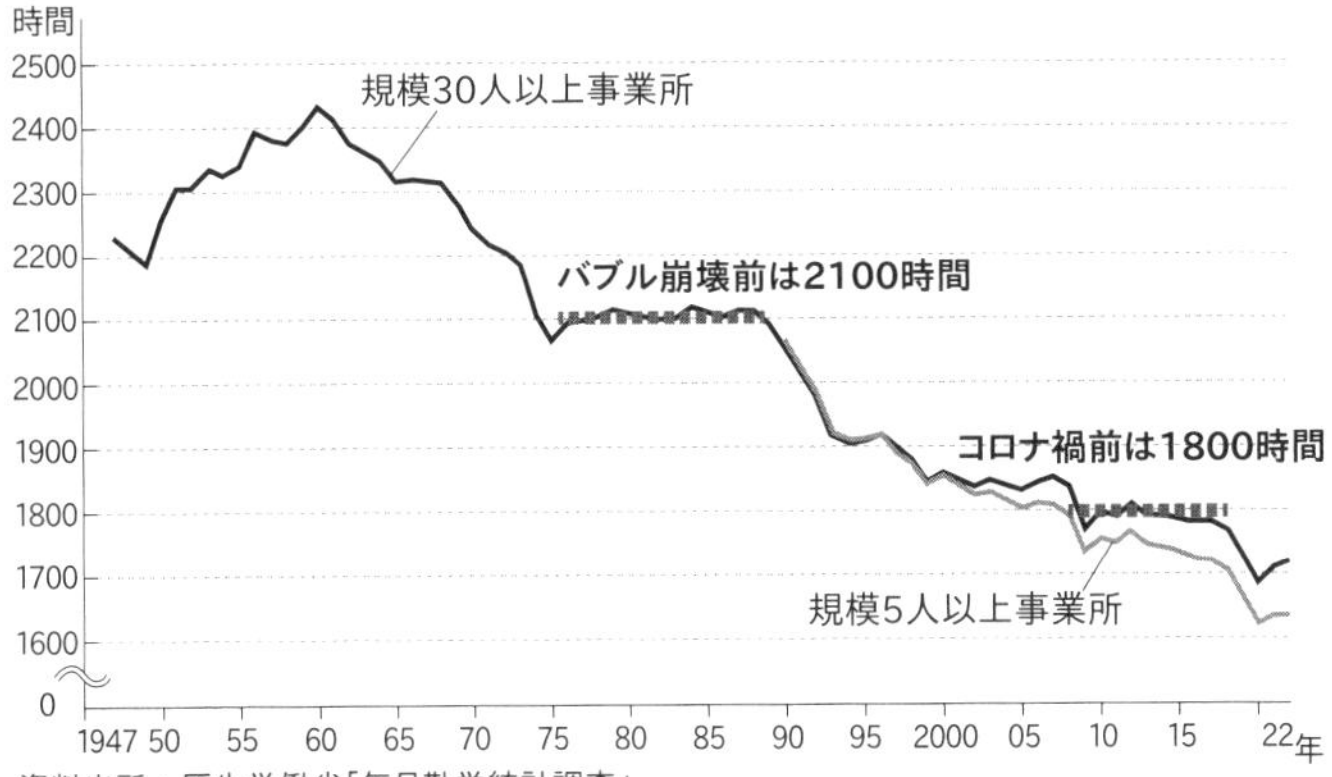

資料出所：厚生労働省「毎月勤労統計調査」

見たときの話です。

人件費の総額は１９９７年頃をピークに減少し、ここ数年はほぼ横ばいですが、実は時間当たりの賃金は着実に上昇しています。

総額は確かにほとんど増えていませんが、年間２１００時間働いていたのに、１８００時間しか働かなくなったのですから、当然のことです。

働き方改革が叫ばれるようになってからは、残業時間が短くなり、短時間勤務なども増えたことで、**一人当たりの賃金は停滞しましたが、時間当たりの賃金は確実に上昇**しています。

さらに、コロナ禍が落ち着きを見せた２０２２

年以降、人材採用意欲が高まったことで、初任給の大幅引き上げに踏み切る企業が増えました。

同時に、最低賃金もここ数年上昇率が高まっています。初任給や最低賃金の上昇は、「大手企業だからできることで中小企業は関係ない」と傍観してはいられない問題で、営業担当者の賃金単価も上昇圧力から逃れることはできません。

初任給が上がり、最低賃金が上がり、社会保険料も上がっていきます。今後ますます、人材の取り合いが熾烈《しれつ》になっていくに違いありません。

大手企業との人材採用をめぐる戦いは、より一層厳しくなります。

中小企業が人手不足を解消するためには、優秀な人材の採用ではなく、営業活動の効率化と個人の能力に依存しない営業体制の構築を実現するしかありません。

「足で稼ぐ」から「データ・デジタルで稼ぐ」時代へ

人口減少が進むと、営業の現場にはどのような問題が発生するのでしょうか？

簡単なモデルで説明してみましょう。

まず、図表3を見てください。担当エリア内に一定数の顧客がいれば、効率良く訪問し、「ついでにもう一軒回ってみよう」という動きも可能です。

「足で稼ぐ」営業手法は、一定のエリア内に見込み客がいて、移動効率が落ちないから成立していたのです。

ところが、人口減少で顧客の絶対数が減ると、担当エリア内の顧客密度が落ちます。移動効率が悪くなるので、これまでと同じ時間内に回れる数が減少し、頑張って回ったとしても顧客数に限界があるので売上は減少します。

エリア内に必要な売上を確保できるだけの顧客がいないと、担当エリアの見直しを会社としてもすることになり、結果として担当エリアを広げざるを得ないことになります。

それにより、移動効率はさらに悪化します。ガソリン代が高騰している現在、社用車などの経費負担も大きく、「ついで訪問」も気軽にはできなくなるでしょう。

図表３：足で稼ぐのではなくデータ・デジタルで稼ぐ時代へ

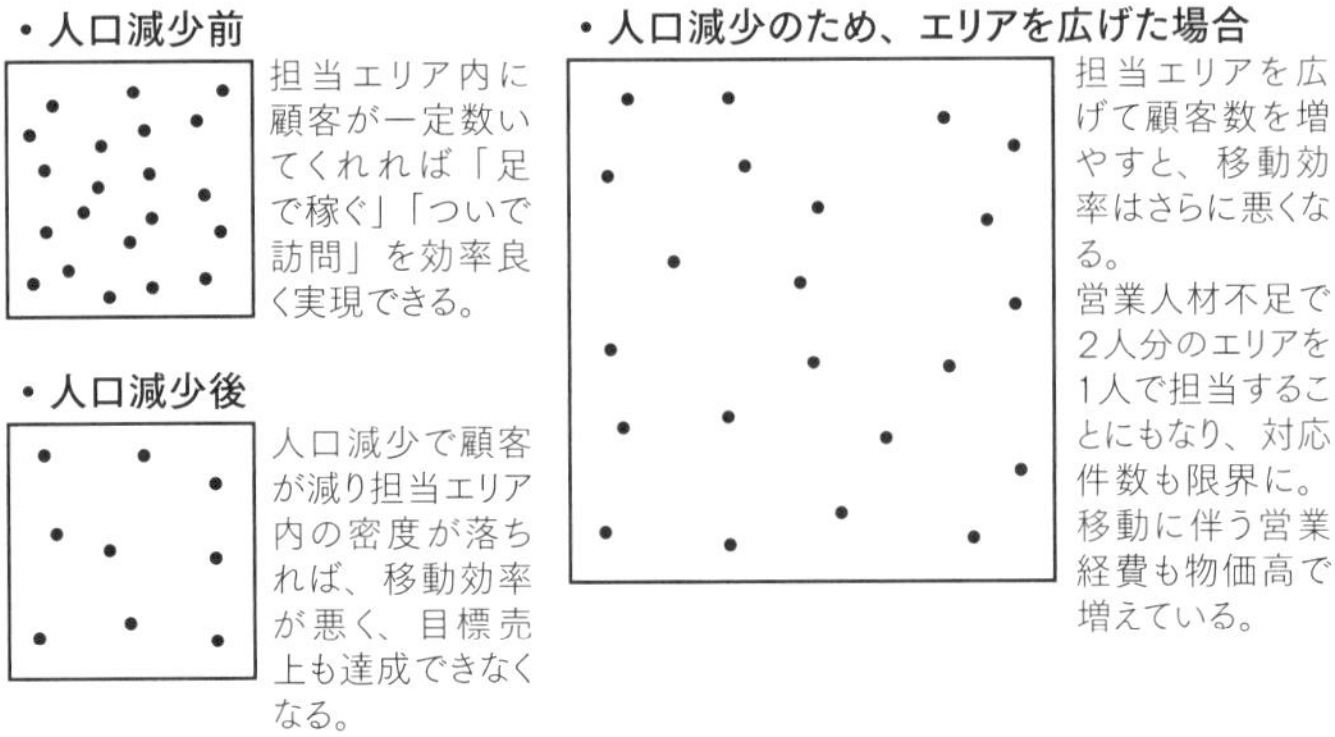
・人口減少前
担当エリア内に顧客が一定数いてくれれば「足で稼ぐ」「ついで訪問」を効率良く実現できる。
・人口減少後
人口減少で顧客が減り担当エリア内の密度が落ちれば、移動効率が悪く、目標売上も達成できなくなる。
・人口減少のため、エリアを広げた場合
担当エリアを広げて顧客数を増やすと、移動効率はさらに悪くなる。
営業人材不足で2人分のエリアを1人で担当することにもなり、対応件数も限界に。
移動に伴う営業経費も物価高で増えている。

＼＼足で稼ぐには物理的限界がある／／

担当エリアを広げて何とか顧客数は確保することができても、移動時間が増えて効率が悪くなり、顧客対応が追い付かなくなります。これが、多くの企業の営業現場で実際に起きている問題です。

すでに、**足で稼ぐ従来型の営業は物理的限界を迎えています**。しかし、デジタルの力を用いて、データに基づいた営業にシフトすることで、物理的限界を超えたアプローチができるようになるのです。

繰り返しになりますが、中小企業が飛び抜けた営業力を持った人材を採用できる見込みはほぼありません。

また、採用した人を一から優秀な営業人材に育てるのも、非常に困難なことです。だからこそ、営業ＤＸが必要なのです。

特別な「ポテンシャル」も、誰をも惹きつける「人間力」もない普通の人間が、長時間労働をせずに確実に成果を上げるためには、**「デジタルを使って能力を底上げする」必要があります。**

ここで営業ＤＸを定義しておきましょう。

そもそも、最初にＤＸを提唱したスウェーデンのウメオ大学の教授（当時）エリック・ストルターマンは、ＤＸを次のように定義しています。

「人々の生活のあらゆる側面にデジタル技術が引き起こしたり影響を与えたりする変化のこと」

これだけでは、デジタル化を進めていきましょうという話でしたが、その後、世界中のコンサルタントなどがＤＸを取り上げて、企業経営のキーワードに育てました。

日本では、経済産業省によるDXの定義があります。少し長いのですが、DXで考慮すべき点を分かりやすく述べているので紹介します。

「企業がビジネス環境の激しい変化に対応し、データとデジタル技術を活用して、顧客や社会のニーズをもとに、製品やサービス、ビジネスモデルを変革するとともに、業務そのものや、組織、プロセス、企業文化・風土を変革し、競争上の優位性を確立すること」

経産省の定義は、ビジネスモデルや経営全般の変革を伴うものであることを明記し、単にデジタル化、システム活用で終わらずに、結果として「競争上の優位性の確立」まで実現すべきであると謳っている点が評価できます。

この経産省の定義をふまえて、私は、営業DXについて以下のように定義します。

「データとデジタル技術の活用を前提として、営業部門の枠を超えて顧客接点を見直

し、新規客獲得から既存客フォローまで一気通貫させるプロセスを構築することで、営業支援と省人化を実現し、営業生産性を高めること」

重要なポイントは、営業ＤＸと言いながらも、営業部門の枠を超えていくということ。さらに、キーワードは次項で解説する顧客データの「**一気通貫**」です。

顧客獲得からアフターフォローまで「一気通貫」させる

本来であれば、会社としての経営戦略があり、長期ビジョンがあって、それを実現するためのＤＸ戦略に基づいて、機能別や部門別でＤＸを検討していくべきです。

しかし、デジタルを活用した全社ビジョンをいきなり描くというのはデジタル人材がいない中小企業にはハードルが高く、現実的ではありません。そのため、業務効率化やコストダウンなど社内業務のデジタル化から着手しがちですが、中小企業では元々のコスト額が大きくないために限定的な効果しか得られません。

まずは営業、特に営業担当者を通じた顧客へのアプローチや営業機能という領域に絞って、ＤＸを始めましょう。

営業からＤＸを導入し、やがて全社のビジネスモデルの変革や商品改革、経営戦略の立案へと全社を巻き込んだＤＸを実現させるという目論見です。**営業ＤＸとは、顧客を起点とする長期間にわたる全社変革運動でもある**のです。

営業活動は、図表４の上段のようなプロセスで構成されています。
営業活動の入り口は、マーケティング活動です。見込み客の獲得をここで行います。
次のステップは、その見込み客を「育成」します。あるいは、育成しつつ選別するためにスコアリング（評価）をします。

そして、育成状態やスコアリングの結果に基づき、営業担当者が商談をし、見込み度の管理をしながら、商談が進めば、見積書を提出します。

うまくいけば、その先には受注があり、請求・代金の回収を経て、既存顧客としてアフターフォローしていくことになります。このような一連の流れを営業担当者は担っています。営業部や営業担当者がいなくても、経営者なり技術担当者なり、誰か

図表４：顧客獲得からフォローまで一気通貫する営業ＤＸ

※各用語については、本書の中で説明をしていきます

一気通貫させるプロセスで営業支援と省人化を実現する

がこの営業機能を果たしているはずです。

「顧客獲得」から「アフターフォロー」までの流れを一気通貫させるために、デジタルツールやデジタル活用をしたときの営業プロセスを視覚化したのが図表４の下段です。

大掛かりなシステム開発の必要はありません。デジタル人材が社内にいなくても構いません。ときには、プログラミング不要のノーコードツールを活用しながら、自社なりのデジタル化を始めてみることが営業ＤＸの第一歩となります。

一気通貫させるときに大切なのが顧客データです。

一度獲得した顧客データを、転記したり再入力したりせずに、一気通貫で流していくことによって、業務効率を上げながら、ミスやヌケモレを無くす精度の高い運用を実現します。

営業担当者は、移動中でも、在社時でも、客先でも、在宅勤務中でもデータへのアクセスが可能です。いつでもどこからでも処理ができるので、劇的に効率が上がります。

プロセスごとに最適なデジタルツールを使って、個人の能力に頼らずとも、普通の人が普通に努力すればスムーズに営業活動ができるサポートを行うことが目的です。

より細かく営業プロセスを分解し顧客接点を明確化したのが図表5です。

営業DXでは、顧客接点の見直しが欠かせません。顧客の立場、顧客目線で、自社との接点を見直していきましょう。

法人客と個人客では、若干細かいプロセスの違いはありますが、流れ自体は大きく変わりません。最初に新規見込み客が会社の商品やサービスと接点を持ちます。

何らかのニーズが喚起されると、情報収集が行われます。資料を集める、説明を聞

図表５：購買プロセスを可視化し問題を解決する

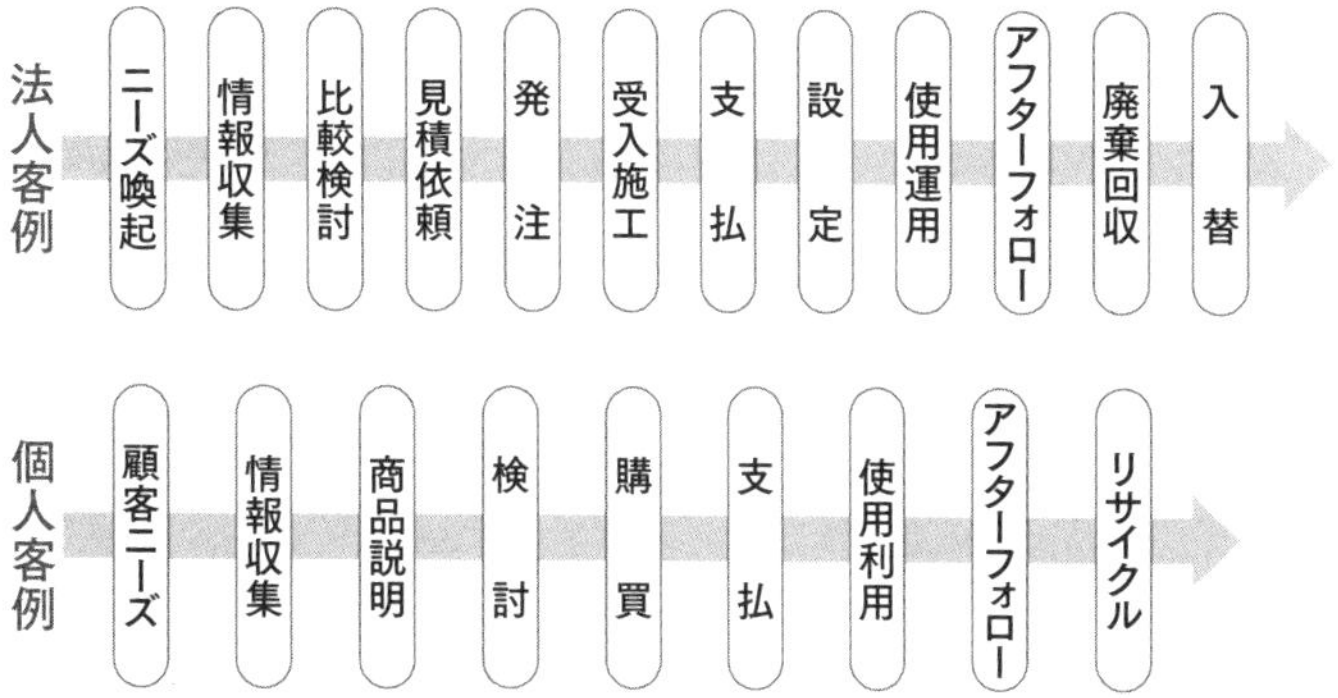

Ex）資料請求が簡単にできる、WEB サイトで動画が見られる、見積依頼から提出までが速い、発注から納品までのリードタイムを短くする、など現状の問題点を明確にする

く、WEBサイトなどから口コミを探す。そして、競合の商品やサービスとの比較検討を経て、見積依頼が入ります。

自社の商品を選んでもらうことができれば、その後、発注、納品、支払いがあり、使用が開始された後はアフターフォローでサポートを行います。

それぞれのプロセスにおける顧客との接点を洗い出し、何らかの「障害」がある場合は、その場所を見つけ出します。

たとえば、情報収集。なかなか知りたい情報がピンポイントで見つけられない、資料請求への対応スピードが遅い、フォローができないまま時間が経ってしまっている。あるいは、見積依頼をもらってからの提示が遅い、内容が分かりにくい。

また、せっかく購入まで至ったのに、いざ使おうと思ったときに使い方がよく分からないといったクレームが寄せられることがあります。これらはすべて、購買プロセスにおける障害になります。

そういった障害への対応は、これまでは営業担当者の役割でしたが、営業DXを導入することによって、極力、デジタルの力で解決していきます。

資料請求を簡単にできるようにしたり、WEBサイトで商品について説明する動画を公開したり、デジタルの力でひとつひとつ丁寧に解決していくことで、購買プロセスをスムーズに進めることができます。

課題を見つけたら人的パワーに依存するのではなく、デジタルツールを使いましょう。様々な種類のものが各社からリリースされています。

自社の営業プロセスを見直して、課題・障害を発見し、それらを速やかに解決する最も役に立ちそうなツールを選んでください。

失注客を財産にする戦略的営業

営業プロセスに沿ったデジタル化が、営業ＤＸの基本です。

ですが、営業のデジタル化は誰しもが通る道であり、私は他社との差別化のためにこそ「**失注客も財産にする**」ということを大切にしています。これは、デジタルがあるからこそできることであり、多くの企業が、デジタルツールを導入していてもやっていないことです。ここに、競争優位を築けるチャンスがあります。

たとえば、10件の潜在ニーズ客に営業をかけて、そのうちの50％が案件化し、案件化して追いかけたうちの60％に当たる3件が受注できた場合、最初の10件に対して最終的な受注率は30％になります。

この試算を聞いて、営業はそんなに甘くないと思った方も多いでしょう。確かに、10件に営業をして半分が見込み客になり、さらにそのうち60％を購入に至らせることができるのは、相当優秀な営業担当者です。

図表6：案件化率50%、商談成功率60%のケース

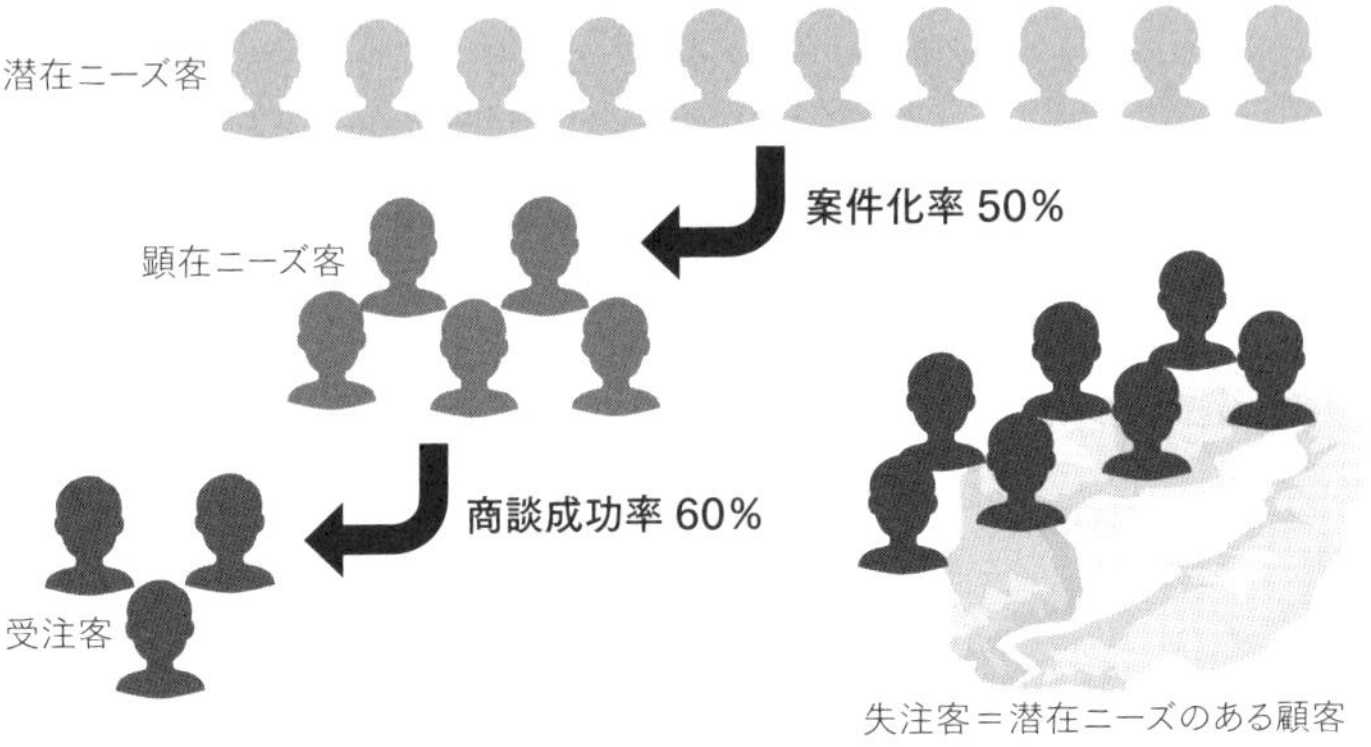

失注客も財産にすれば 無駄な活動はなくなる

ただ、ここで大切なことは、それでも受注率は30%に過ぎず、残りの70%は「失注客」として捨てられているという事実です。**優秀な営業担当者であっても、70%は失注する**のです。

けれども、**少し発想を変えれば、この失注した70%（7件）は、無駄にはなりません。**

なぜなら、今回は失注したものの、元々「潜在ニーズはある」見込み客であり、一度は「顕在ニーズがある」と判断した2件もこの中に含まれているからです。

「売れる可能性が0ではない」からこそ見込み客としてリスト化したわけです。

そこで、この失注7件は、捨てずに2年目（2サイクル目）も継続してアプローチをするとし

図表７：２サイクル目のケース

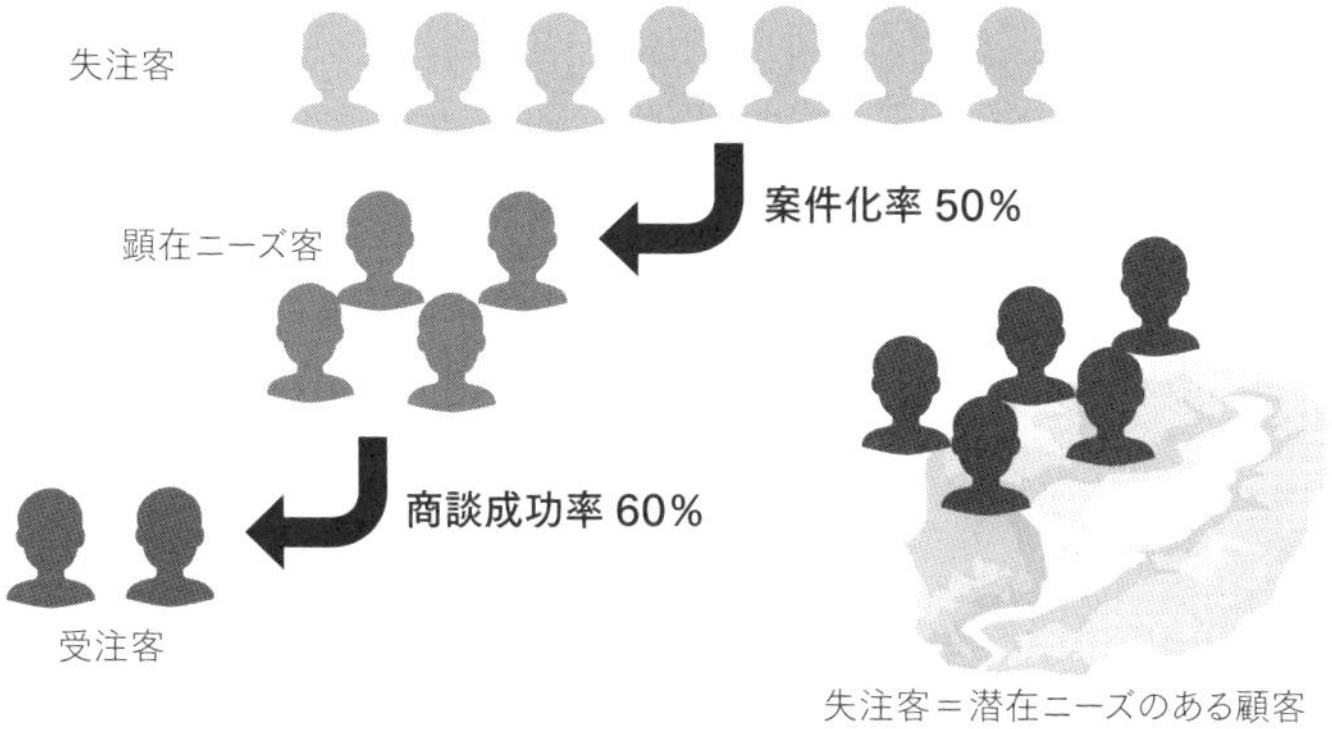

ます。

前年の失注7件は、まったくの新規ではなく、一度は商談して、ヒアリングなども行ってある程度の情報を得ています。

潜在ニーズ自体はあるので、相手の事情が変わったり、タイミングなどが合ったり、自社商品について理解を深めてもらったりすることで、受注に持ち込むことが可能です。

仮に、1年目と同様に案件化率が半分（50％）であったとすると、四捨五入で4件が見込み客となり、そのうち60％が発注してくれれば2件の成約を獲得できます（図表7）。

商談期間を長くとれば受注率は必ず高まる

前年と今年の2年というスパンで考えれば、

図表８：３サイクル目のケース

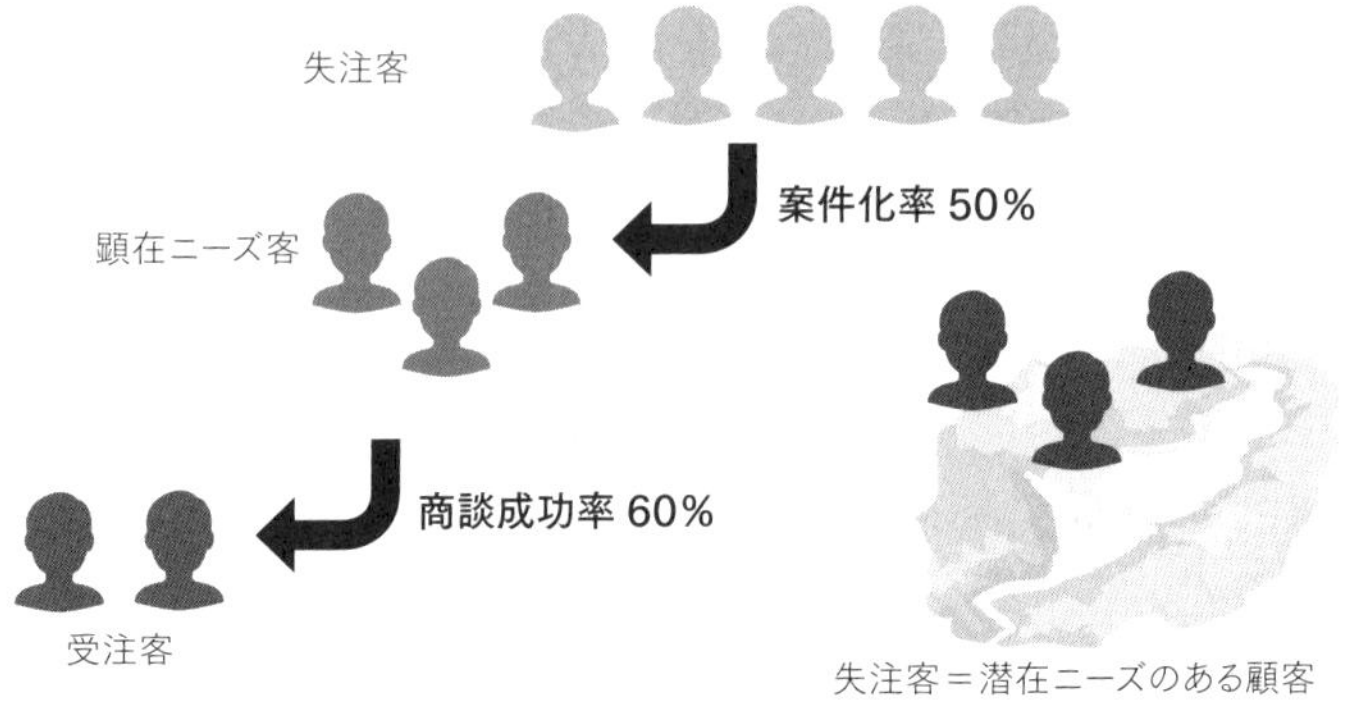

過去の失注から学べば
さらに商談成功率も高くなる

最初の10件から1年目に3件、2年目に2件で合計5件の受注、受注率は50％です。この時点で、失注客は5件残っています。

さらに翌年、3年目（3サイクル目）。同様に案件化率50％、商談成功率60％で考えると、2件の受注で3年スパンでの受注率は70％です(図表8)。これを続けると、4年目には受注率は80％となります。この時点での失注客は2件です（図表9）。

ここまできたら、１００％を目指したくなりますが、ここで無理はしません。経営者によっては「受注率１００％を目指す」「絶対にＹＥＳと言わせる」と過度な成果を目指す人もいま

図表９：４サイクル目のケース

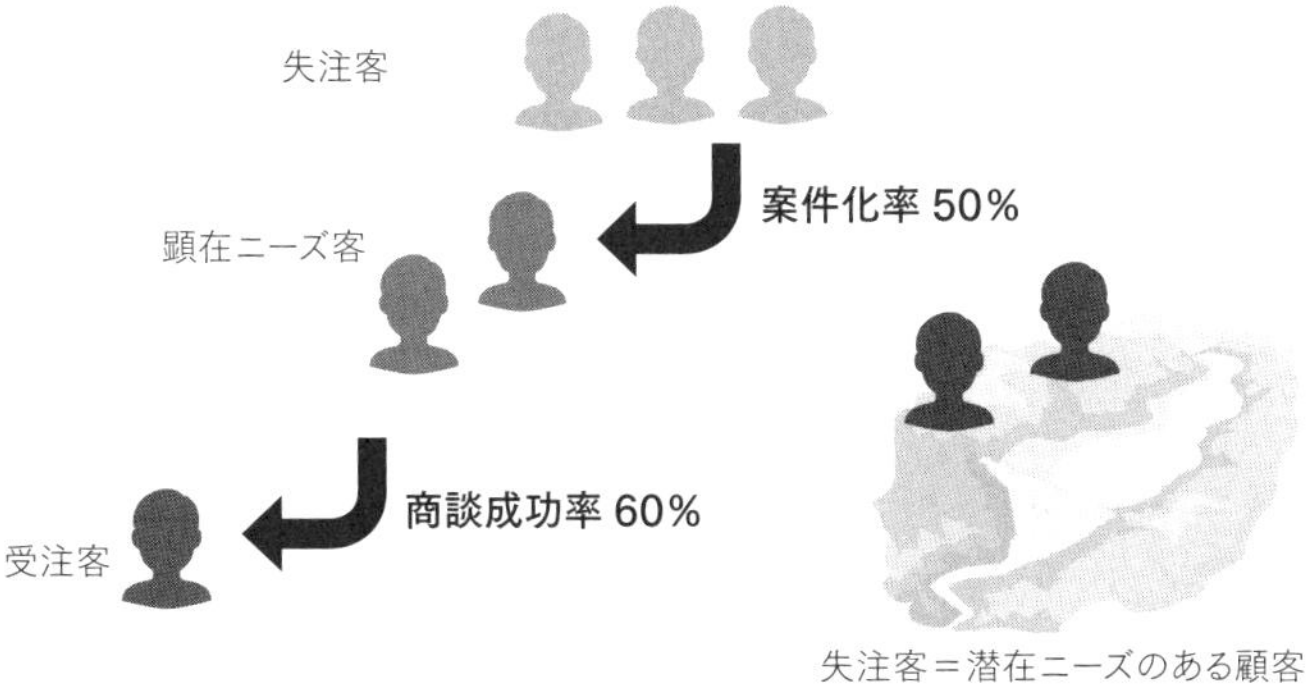

毎年新規客へのコンタクトをしていればダムはどんどん大きくなる

すが、そのような営業効率の悪いことをしてはいけません。

なぜなら、**どんな商品やサービスにも、必ず一定の割合で「アンチ」が存在する**からです。感情的な嫌悪の問題もあれば、誤解や先入観で「絶対に買わない」と思い込んでいるような人もいます。競合企業に親類縁者がお勤めで他社からは買いづらいといったケースもあります。

どんな理由があるにせよ、絶対買わないと決めている人や実際に「買えない」人を説得することほど無駄なことはありません。その力はもっと別のところで発揮すべきです。

ただ、それでも、失注客をゴミ箱に捨てることはせずに「ダム」に入れておきます。

「ダム」とは、顧客データベースのことです。デジタルツールがあってこそ実行できるアイデアなのです。

失注客の管理を何年も（何サイクルも）紙で行うと考えてみてください。面倒くさくて捨ててしまいたくなるでしょう。

デジタルツールのない、紙で情報を管理していた時代には、アイデアはあっても実行できなかったことが、デジタルツールが簡単に使えるようになり、パソコンでもスマホでも実践できるようになったのです。これを活かさない手はありません。

顧客のダムを作る

私は自身の営業やクライアント企業への営業コンサルティングにおいて、**「ダム式営業」を柱**としてきました。

もともとは、経営の神様と呼ばれる松下幸之助氏と京セラ創業者の稲盛和夫氏との、「ダム経営」に関するエピソードからヒントをいただいたものです。

松下幸之助氏は、ある日の講演でこう語りました。

「ダムがいつも一定の水量で満たされているように、われわれも蓄えを持って事業を経営しなければならない」

聴衆の一人から、質問がありました。

「自分には余分な資金がないから困っています。どうやってダム（＝蓄え）を作れば良いでしょうか」

これに対して、松下幸之助氏は「どうやるかは知らないけれども、まず『蓄えがいる』と思わなあきまへんな」と答え、多くの聴衆はそれでは答えになっていないと呆れ、笑いが起こったそうですが、その場にいた若き日の稲盛和夫氏は、その言葉から気づきを得たというのです。

「何か事を起こすときは、まず思い込まなければならない。できないと思っていてはいつまでもできるようにはならない」

この話を知った当時の私は、まだ駆け出しで、毎日のように飛び込み営業をさせられて、営業が嫌で嫌でたまらないと感じていました。ある程度の狙いを定めて訪問しても、まず、会ってもらえず、どうにかこうにか会ってもらえても、若造だからとろくに話も聞いてもらえませんでした。

頭ごなしに怒鳴る人、偉そうな態度を隠そうともしない人、値引きやタダ働きばかり要求する人……。そういう顧客に頭を下げてお願いをしなければならない営業という仕事にほとほと嫌気がさしていました。

そんなタイミングで「ダム経営」という言葉に出会いました。そして、「まず思い込むこと」の重要さに気づいたのです。

「嫌な客にも我慢して頭を下げなければいけないのは、他に見込み客がいないからだ。そうしたくないなら、見込み客の『ダム』を作ればいいんだ」

嫌な客に出会って、その度に腹を立てたり、「無駄足だった」と落ち込んでしまったりするのは、相手を「買ってくれれば○（マル）」「買ってくれないなら×（バツ）」という二極でしか見ていなかったからです。

失注が怖くて、買ってもらいたいからヘコヘコと頭を下げて営業することを繰り返していましたが、**「今は買ってくれないけど、いつか買ってくれるかもしれない」という第三極を作ること**を思いついたのです。これが、ダムです。

「今、買ってくれないなら、ダムに入れておく」と思えば、理不尽なことを要求してくる客に対して「それなら結構です」と言えます。

ダムに入れた失注客は、その瞬間に「未来の見込み客」になります。

失注をしても、いつか買ってくれるかもしれない人がまた増えた、そんなふうに考えることで、**毎回落ち込んでいた「失注」や「営業の失敗」が価値を持つ**ようになりました。

2つのダム　失注ダム／顧客ダム

ダムには営業活動の結果、失注した客を放り込んでおく「失注ダム」と商品やサービスを買ってくれた既存客を入れる「顧客ダム」の2つがあります。

これらのダムは、日ごとに大きくなっていきます。

〈失注ダム〉

失注した顧客データを貯めていくためのダムです。

営業活動を続ければ続けるほど、当然ながらダムは大きくなっていきます。

たとえば一日に2件、新規客にコンタクトをすれば、年間の労働日数を200日とした場合、400件が新しくダムに入ります。

日々、同じように営業活動をしていても、「買ってくれるか」「買ってくれないか」で判断し、失注客を捨ててしまっていては、ダムはなかなか大きくならず、常に新規客へのアプローチを続けなければならなくなります。

この差は、一年でも数百件、３年、５年で数千件、25年も続ければ、万を超えるものになってくるのです。

経営者によっては「ダムに入れておけばいいと担当者が安心してしまい、必死に営業しないのでは」と、短期の売上が落ちることを心配する人もいますが、そんなことはありません。なぜなら、営業担当者は、ダムがあってもなくても、売れそうな顧客には必死に売り込むからです。

ダムに入れるのは、現時点ではニーズがない、タイミングが合わない見込み客です。もともと今すぐ無理に買ってもらうのは難しい案件です。

私が「ダム式営業」を始めたのは三十数年前、当時は「ダム」と呼ぶ手帳に顧客を書き込んでいただけでした。数年単位で顧客を貯めるというのは絵空事の概念でしかありませんでした。ところが、**今はデジタルの力でデータを貯めるダムを作ることができ、デジタルの力でダムに貯まった何万もの見込み客に一気にアプローチすることもできる**ようになりました。

〈顧客ダム〉

受注した顧客データを貯めていくためのダムです。こちらのダムも失注ダムと同じくらいに価値のあるものです。

ところが、**一度買ってくれた顧客を長い間放置している会社が案外多い**のです。「追加注文や問い合わせ、クレームがあれば対応するが、それ以外は特にコンタクトしない」というのですが、それではあまりにもったいない。

限られた時間を新規顧客の開拓に使いたい気持ちは分かりますが、**一度買ってくれた顧客は、リピート客になってくれる可能性があり、サポートを続けてそのタイミングを逃さないようにする必要**があります。

ダムの活用とその可能性については次項で説明します。

すべての顧客を無限ループさせる

受注した顧客データを貯め込むダムは、年々大きくなっていきます。新たな提案による追加受注、リピート受注などが期待できたり、紹介を受けたりなどで売上が増えていきます（図表10）。

しかし繰り返し述べてきたように、営業に失注はつきものです。１００％受注できることはあり得ないという前提で戦略を練ることが重要です。

戦略とはそもそも戦争用語ですが、なぜ戦略が必要なのかと言えば、負けることがあり得るからです。絶対に勝つと決まっているのであれば、戦略など考える必要はありません。ヘタな戦いをすると負けることがあり得るからこそ、戦略を立て、負けないようにするのです。

では、営業における戦略的なストーリーやプランとは何か。それは、**失注しても、受注しても、そこで終わりにせず、ダムに戻して無限にループさせること**です。

図表10：受注した既存客のダムは年々大きくなっていく

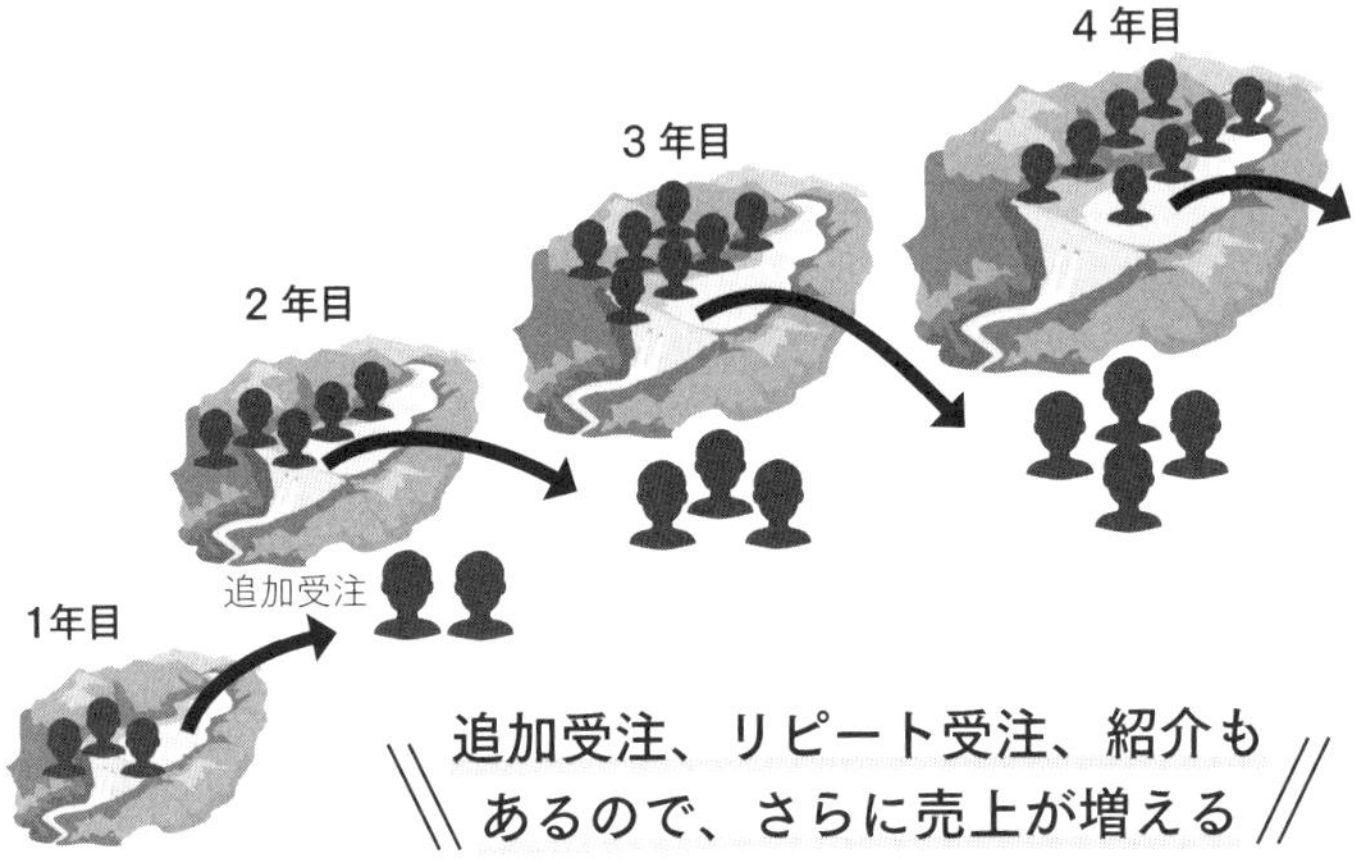

引き合いがあったが、アポイントには至らなかった⬇ダムに入れる
アポイントは取れたけれど、結局は会ってもらえなかった⬇ダムに入れる
アポイント成立したが、初回の商談で玉砕⬇ダムに入れる
二度目の商談で、破談⬇ダムに入れる
見積書を提出したが、競合に負けた⬇ダムに入れる
あと少しで受注するところまでいったが、競合にひっくり返されたり、保留にされたりした⬇ダムに入れる
受注成功、顧客になってもらえたので、追加提案をしたが断られた⬇ダムに入れる

図表11：失注してもダムに戻して無限ループさせる

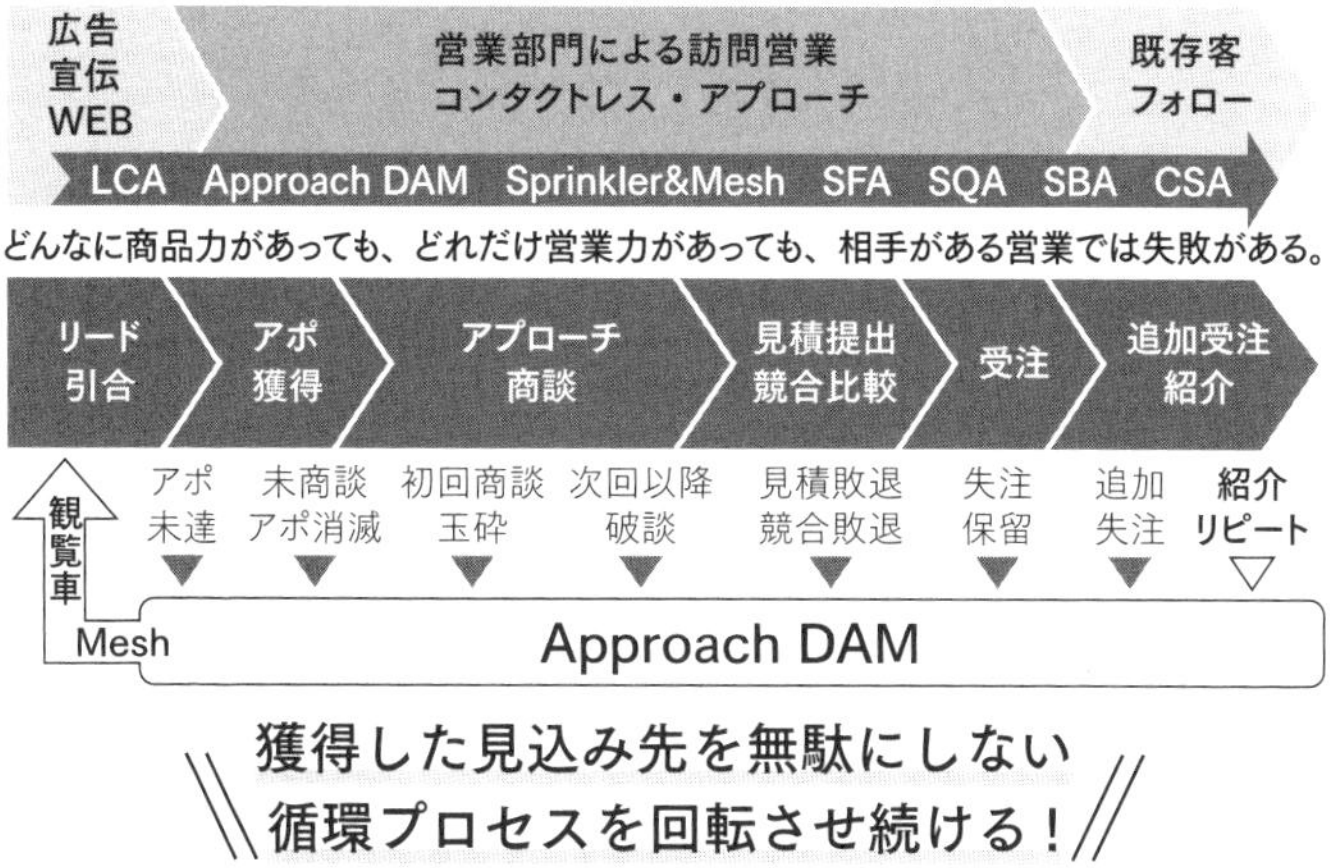

　顧客になってもらえたので、紹介を依頼したら知り合いを紹介してもらえた⬇ダムに入れる

　購入してもらった商品とセットで使うと便利な別商品を提案したら、検討してみようということになった⬇ダムに入れる

　これらをすべて「ダム」に入れて、見込み度でふるいにかけて、「観覧車」に乗せて回していくことで、無限ループができ上がります。

　この無限ループをデジタルによって作り上げることが営業における大変革、すなわち営業DXなのです。

　受注しても失注しても、出会った顧客すべてを「ダム」に貯めて、デジタルの力を使いながら効率的に無限ループさせていきます。

営業活動を普通に続けていれば、「ダム」はどんどん大きくなります。それが大きくなればなるほど限界費用（生産量を増加させたときに追加でかかる費用）がゼロであるデジタルの活用効果も大きくなっていきます。

いったん無限ループを作ることができれば、自然に成果がついてきます。当然、売上もアップします。

既存客へのルート営業が中心の会社の場合でも、新規客と既存客の割合が変わるだけで、同じように実現可能です。

これが、営業ＤＸによって実現する未来への第一幕です。

「観覧車に乗せる」ことで効率良く営業できる

ダムとセットで理解しておきたいのが「観覧車に乗せる」という仕組みです。

ダムに入った顧客に対して、情報を定期的に発信するなど何らかのフォローをしたり、コンタクトをとったりする中で、ニーズが顕在化することがあります。

定期的に新製品の情報や特別価格の案内などの配信を続けていると、タイミングが合えば「検討してみたい」「相談してみよう」となるものです。

また、問い合わせやメールのやり取り、ＷＥＢ商談などを通じて顧客と具体的な接点を持つことができれば「そろそろ買い替えの時期だ」「今使っている他社製品の契約が半年後に終了する」といった、時期が特定できる情報をキャッチすることがあります。

時期が特定できるような情報を入手したら、観覧車に乗せるタイミングです。遊園地などにある観覧車をイメージしてください。

観覧車は、一度乗ったら、一回転するまでは降りられません。そして、乗せられた顧客は、一回転するのに何分かかるのかを知りませんが、乗せた側の我々は、顧客がどのタイミングで降りてくるかが分かっています。

これが、〝観覧車に乗せる〟状態、要するに、期日管理ができているということです。単にデータベースに顧客情報を貯めるだけだと「ダム」が大きくはなりますが、動きはありません。

そこに、いつなら買う可能性があるのか、他社との契約更新はいつか、予算を決めるタイミングは何月なのか、あるいは来年にはお子さんが小学生になるのでこういうニーズがあるだろうといった推察による期日を加えて、戦略的にダムから有望な顧客をピックアップしていく仕組みが「観覧車」です。

観覧車に乗った顧客は、ニーズも顕在化しているし、期日も分かっているので、受注予定期日から逆算して何をすべきかが明確になります。それに沿ってアクションしていけば良いのです。

当然その際には、前回の商談、それが受注したものでも失注したものでも良いのですが、そこで得た情報（相手の好みや事情、競合状況、予算感など）、すなわちデータが貯まったダムの情報を踏まえて、前回の提案よりもブラッシュアップした提案をしたいものです。

この無限ループが回っていると、だんだん顧客の情報が蓄積されていくので、一回目よりも二回目、二回目よりも三回目と、過去の商談を顧みることで受注確率を上げていくことができます。

そして、そのデータは、会社としての共有の「ダム」に貯まっているわけですから、営業担当者が異動しても、退職しても、情報は引き継がれ、営業の精度を組織的に高めていくことができるのです。

ビジネスモデルまでも変革する営業ＤＸ

顧客を循環させる無限ループを作るためには、**売り手と買い手の関係が、一回だけのモノの売買では終わらずに、半永久的に持続する必要があります。**そのためには、顧客側に対して、関わり続けるメリットを感じてもらうことが大切です。

そうすることで、顧客のライフタイムバリュー（ＬＴＶ：顧客が自社と取引を始めてから、関係が終了するまでにトータルで得られる利益）を最大化することができるわけです。

LTVを最大化するためには、モノを一回売って終わりにするのではなく、購入後にうまく使えているのか、活用度は高いのか、満足できているのかといった顧客側で実現している機能や便益に着目する必要があります。

そのためには、**モノ売りからコト売りへ、商品販売からサービス提供へと、売り切って終わらないビジネスモデルへの転換を考えることが重要**です。

その前提となるのが、ドメイン（事業分野や競争領域）シフトです。第8章で詳しく解説しますが、「〇〇を売る」という物理的定義から「どのような機能や価値を提供するか」という機能的定義もしくは便益的定義にシフトすることで自社の目指すべき方向性を定め、それに沿ったビジネスモデルを考えていきます。

〈ドメインシフトの事例：株式会社山櫻〉

１９３１年創業の株式会社山櫻《やまざくら》は、多くのオフィスワーカーにとって「名刺や封筒の会社」として認識されていることでしょう。桜色のロゴマークの入った箱で自分の名刺を受け取った思い出を持つ方も多いと思います。

その山櫻が、名刺や封筒などの紙製品メーカーという物理的定義から「出逢ふをカタチに」する会社という機能的定義へとドメインシフトを行ったのは２０１２年。**紙製品にこだわることなく、人と人が「出逢う」ことのすべてに関わる商品やサービスを創造する会社へと転換**を遂げました。現在、山櫻ではデジタル名刺交換・管理サービスの事業も展開しています。

新たに定義したドメインのもとで、「営業ＤＸ」を起点に、商品・サービス力の見直しや業務効率の改善をデジタルで実現していきます。

図表12をご覧ください。このように、営業ＤＸから波及させる形で、製造・仕入れ・

図表12：営業DXを起点に全社DXを実現する

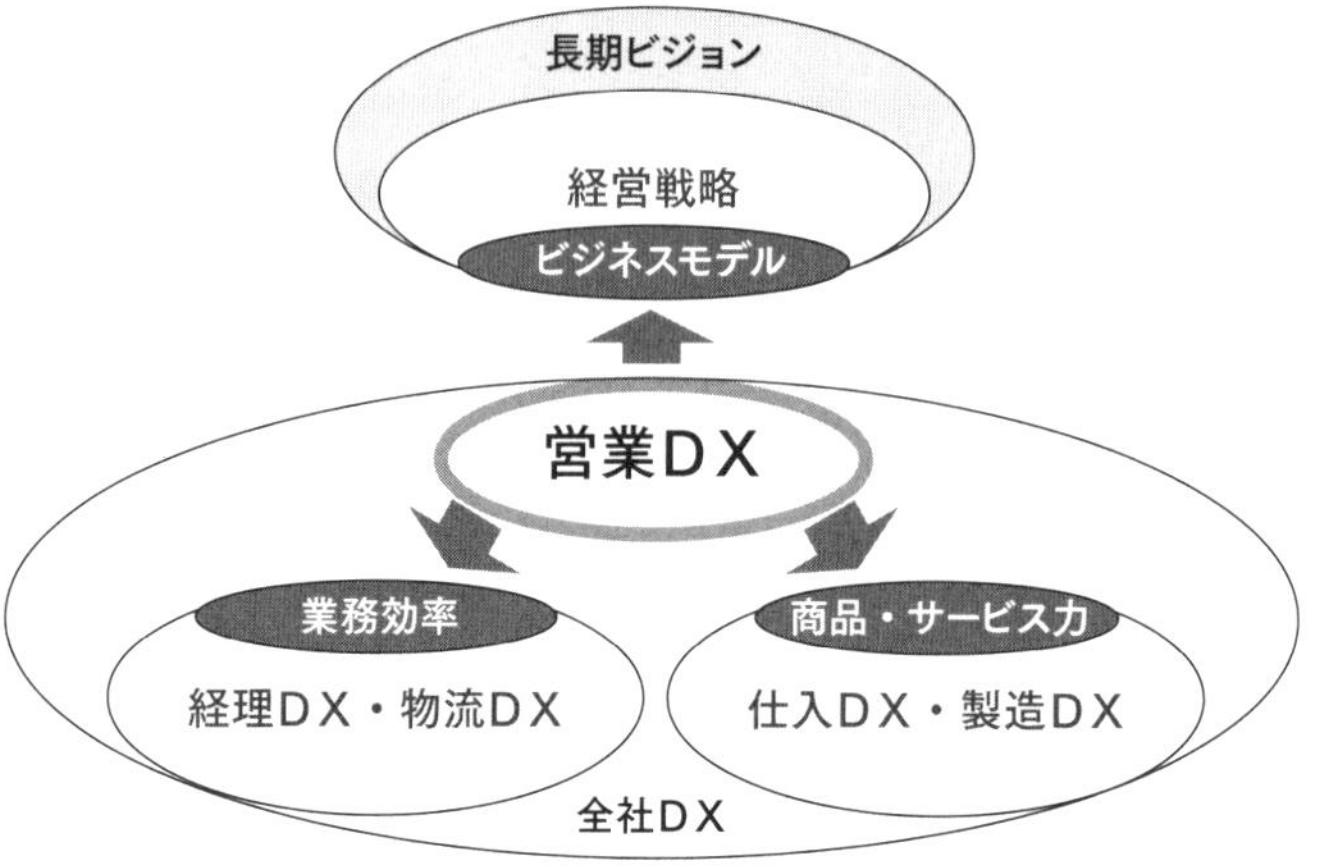

物流・経理などのDXを順次行います。それによって、ビジネスモデルそのものを変える全社DXが実現できます。

ビジネスモデルの変革から経営戦略が具体化され、長期ビジョンも描けるようになります。

「営業DX」を起点にすることは、顧客を起点にすることで、**そこから企業そのものを生まれ変わらせることができる**のです。

次章以降では、現場に根ざした具体的なアクションを中心に、営業DXの進め方を解説していきます。

2

第2章

見込み客を創出するマーケティング戦略

リモート営業に切り替えるだけではいけない

本章では、図表13に示したマーケティング・見込み先の獲得手法について解説します。コロナ禍による緊急事態宣言が発令された2020年に出版した『コンタクトレス・アプローチ　テレワーク時代の営業の強化書』（KADOKAWA）では、在宅勤務を余儀なくされた営業部門のために、非接触（＝コンタクトレス）での営業手法・考え方をお伝えしました。

数年を経た今、リモート商談のツールを日常的に活用している人が多くなるなど、テレワークへの苦手意識はほぼなくなったことを実感しています。

コンタクトレス・アプローチ、すなわち、リモートでの営業活動は、たとえば移動時間の削減といったメリットだけでなく、交通費やガソリン代、宿泊費などの営業経費の削減にもつながりました。顧客側の心理的抵抗も今ではほとんどありません。

しかし、その際に、**気をつけなければならないのが「リアル営業をリモート営業に**

図表13：営業プロセス(マーケティング・見込み先の獲得)

切り替えるだけ」ではいけないということです。

リアル営業とリモート営業では、どうしてもパフォーマンスに差が出てしまいます。押しが弱かったり、微妙なニュアンスを感じにくかったり、クロージングがしにくかったりしますし、**顧客側からすると「リアルよりも断りやすい」**わけです。

多くのクライアント企業の状況、実際の体験値で考えても、リアルのパフォーマンスを1としたときのリモートのパフォーマンスは2割減の0・8程度と考えるべきだと思います。

そうすると、**リアルと同等以上の成果をリモート営業で出すためには、アプローチ数を増やさな**

図表14：アプローチ数を増やすことでパフォーマンスを上げる

アプローチ数を3から5に増やしたら、
仮に、パフォーマンスが8割に落ちたとしても……

$$1 \times 3 = 3 \quad > \quad 0.8 \times 3 = 2.4$$
$$1 \times 3 = 3 \quad < \quad 0.8 \times 5 = 4.0$$

＼＼ 2割減でも、リアル営業以上の成果を出せる！ ／／

ければなりません。

従来のリアル営業を一日3件やっていた場合は、リモートであれば一日5件。それで、0・8×5で4のパフォーマンスとなり、リアル営業を上回ることになります。

移動時間をほぼゼロにできるので、アプローチ数を増やすことは物理的に可能なはずです。しかし、実際にはできていないケースが多い。それは、**多くの営業担当者が、リアル営業のときの「習慣」に引きずられてしまうから**です。

リアル営業のときは、9時に出社して、資料などを準備したうえで移動するとすれば、朝一番のアポイントは10時になります。午前中に無理にも

図表15：商談数を増やすために習慣を改める

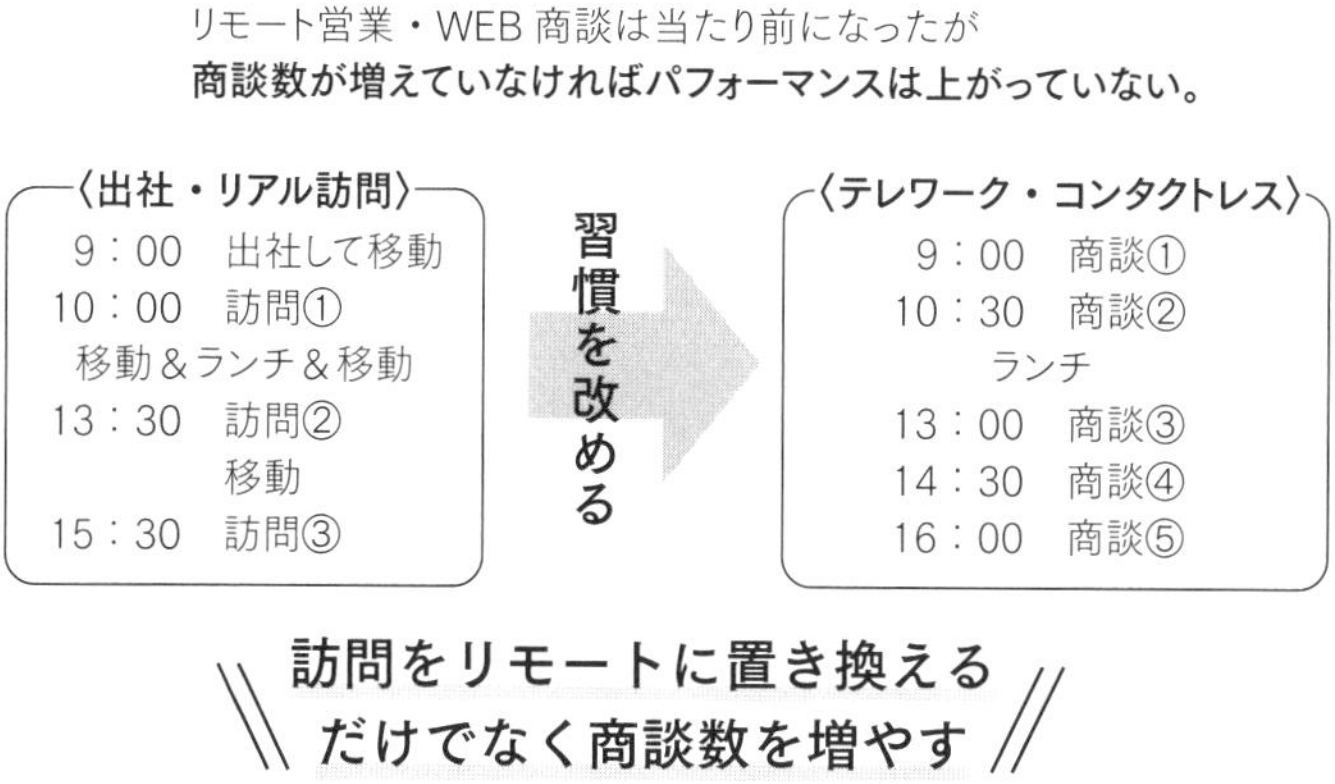
リモート営業・WEB商談は当たり前になったが
商談数が増えていなければパフォーマンスは上がっていない。
〈出社・リアル訪問〉
9：00　出社して移動
10：00　訪問①
移動＆ランチ＆移動
13：30　訪問②
移動
15：30　訪問③
習慣を改める
〈テレワーク・コンタクトレス〉
9：00　商談①
10：30　商談②
ランチ
13：00　商談③
14：30　商談④
16：00　商談⑤
訪問をリモートに置き換える
だけでなく商談数を増やす

う1件入れてしまうと先方のお昼休みにかかってしまうかもしれないので、2件目のアポイントは午後一番、といっても、移動もあるので、13時30分に入れる。

終わって移動して、17時までに会社に戻ろうと思うと、せいぜいもう1件が限界です。一日3件訪問できれば「一日中、よく頑張った！」とそれなりに満足感がありました。

リアル出社、リアル営業の頃ならそれで精一杯だったかもしれませんが、このスケジュールをそのままリモートに置き換えるようでは、コンタクトレス・アプローチの価値が発揮できません。

リモート営業の場合、移動時間を考える必要はないので、朝一番のアポイントを9時に入れ、午前中にもう1件のアポイントを入れることが充分できます。午後も、お昼休みの後すぐにアポイントを入れ、合間に休憩を挟んだとしても3件程度の商談は可能です。これで、一日5件の商談が実現します。

商談数を増やすためには、まずは**「時間配分」に関するこれまでの習慣を変える必要があります**。リモート営業では移動時間が必要ないので当然のことです。

これなら、営業担当者からの反論も出ないはずです。しかし、実際の問題はここからです。

営業担当者が自らマーケティングを行う

いざ、一日当たりの商談数を増やそうと思うと、アポイントを増やそうにも、思ったように商談のセッティングができない現実に直面するケースが非常に多いのです。時間とやる気があっても、相手がいなければ商談はできません。

リアル営業時代であれば、「近くまで来ましたので」などと言いながら、アポイントなしで既存客に顔を出すことも可能だったのですが、リモートで商談をするためには、事前に時間を決めて、相手にパソコンやスマホでミーティングのための準備をしてもらわなければなりません。リモート商談では「飛び込み」営業は成立しません。

だからと言って、リアル営業に戻して、飛び込み訪問するわけにもいきません。第1章で指摘したように、人口減少で顧客全体のパイが減り、営業効率がどうしても落ちてしまっています。そこにアポイントもなく、飛び込み営業をかけていては、効率が悪いです。

特に、ここ数年、法人客ではテレワークが増えて、訪問しても会いたかった人は出社していないケースもあります。個人客では新規の営業へのガードがより高くなり、アポイントもなく商談をすることが難しくなっています。

「そこを何とかしてこい」と営業担当者に属人的な努力を強いても、コンプライアンスも厳しくなる中で社会の変化には抗えません。多くの会社が打開策を見つけられずにいます。

とはいえ、社会的背景を言い訳にしていても、状況は改善しません。いかにして見込み客との接点を増やし、商談につなげていくかを考える必要があります。

大企業であれば、マーケティング部門が力を発揮する場面ですが、中小企業でマーケティングを専門に担当する部署を備えている会社は少ないでしょう。マーケティング人材も、ほとんどの場合いません。

小さな会社だと、経営者が「接待」で仕事を取ってくるケースもありますが、これも昨今ではなかなか難しくなっているのではないでしょうか。

それでは、どのようにして、新規の見込み客を発掘するのか？

そのためのマーケティング活動のことをアメリカのＩＴ用語でリードジェネレーション（Lead Generation）と呼びます。将来の見込み客（＝Lead：リード）を取り込むための活動です。

ここで広く見込み客を集めたら、次はリードナーチャリング（Lead Nurturing）と呼ばれる段階に移ります。ナーチャリングとは育成の意味を持ち、見込み客の購買意欲を高めていく活動のことです。

さらに次の段階は、リードクオリフィケーション（Lead Qualification）です。見込み客の購買可能性に基づき「格付け」をします。買ってくれそうな人を絞り込んでいくイメージです。そして、契約に向けてクロージング。これらの一連の仕組みを担うのがマーケティング部門です。

ところが、繰り返しになりますが、中小企業にはマーケティング部門はありません。誰かがアポイントを取って見込み客を割り振ってくれるような状況にはないのが現実です。

誰もやってくれないのであれば、覚悟を決めて、営業担当者が自ら行わなければなりません。**営業部門がマーケティング機能を併せ持ち、客数を増やす取り組みを積極的に進めていく必要があります。**

潜在顧客を作るための様々な活動をＬＣＡ（Lead Creation Approach）と呼びます。Lead Generation と似た言葉ですが、マーケティング担当者がどんどん Lead を生み出し、自動的に次のLead Nurturingに流していくというニュアンスを持つLead Generationという分業前提の言葉ではなく、**自らの創意と工夫でLead（見込み客）を創出していくという意味合いで、Lead Creation**です。

ＬＣＡにおいては、**営業担当者が自ら、広告宣伝、商品やサービスを紹介するＷＥＢサイトの作成、情報発信のためのブログやＳＮＳ発信、メルマガ発行、展示会やセミナー企画立案、検索順位を上げるためのＳＥＯ、ＡＲ（Augmented Reality：拡張現実）の活用など、あらゆる手段を用いて新規見込み客の獲得**に取り組みます。

このとき、**重要なのが「コンテンツの力」**です。商品名をアピールするだけでは新規顧客にはつながりません。人の心をつかむ、興味を喚起させるコンテンツが必要です。**これからの営業担当者には、発信力と共にコンテンツ制作力が求められます。**

ＬＣＡの必要性については、「そうですね。積極的に情報発信しないといけませんね」と多くの経営者や営業担当者も納得してくれるのですが、「ところで何を発信すればいいでしょうか？」と中身について悩んだり、二の足を踏んだりすることが多いようです。しかし、そんな心配はいりません。**どんな会社も、発信するコンテンツを必ず**

持っています。

LCAに必要な4つの要素とは

コンテンツ作成の際には次の4つの要素から考えるといいでしょう。

Advantage（優位性）：優れた点を、論理的・客観的に示す
Uniqueness（独自性）：競合商品やサービスとの比較における差別化
Character（人柄）：営業担当者や経営者本人の人物像を知ってもらって、ファンを作る
Process（過程）：商品やサービスができるまでの過程をストーリーで紹介

あまり難しく考えず、まずは発信してみることが重要です。弊社のクライアント企業でも最近は頑張って発信している企業が増えました。自社内でいろいろと知恵を絞

りアイデアを出して取り組んでいます。いくつか具体例を挙げますので、コンテンツ作成・情報発信のヒントを見つけてください。

〈事例：Advantage（優位性）〉

◆株式会社広電　糸偏暖房器具シェアナンバーワン

電気あんか、電気毛布、電気ひざかけなど、糸偏暖房器具と呼ばれる分野でシェアナンバーワンの実績を謳い、商品の選び方を5つの「お困りごと」から選ぶことができるなど、ホームページがとても見やすく充実しています。社名は知らなくても商材を検索すると上位に表示されて、優位性が伝わってきます。

◆株式会社アルファ技研　薬剤を使わずに電解反応により水質改善

産業機器、環境機器、検査機器などの設計・製作・販売を行っているアルファ技研には、「エコアイオン」という、冷凍機や熱源を冷却するクーリングタワー循環水を薬剤を使用せずに電解反応で水質改善する装置があります。

一般にはなじみがない装置ですが、営業担当者が持ち回りでメール配信するなど地道にPRを行っています。環境負荷が少なく、コストも削減できるという優位性が明確なので反響も多いようです。

◆太啓建設株式会社　コンクリート湿潤・保温養生シート「潤王《うるおう》」

一般にはなじみがない特殊な商品ですが、吸水性不織布とフィルム加工エアセルマットを一体化したもので、環境にも優しくコストも下がり、軽量化も実現するという優れものの養生シートです。特許も取得済み。明確な優位性を伝えつつ、WEBセミナーでの紹介とリピートオーダーで売上を拡大しています。

〈事例:Uniqueness(独自性)〉

◆内外ゴム株式会社　センサー内蔵の軟式ボールで投球データを解析

自動車用のタイヤなど元々は産業用のゴム製品を作っている会社ですが、取扱製品をスポーツ用品などにも拡大。その中に「テクニカルピッチ」というユニークな商品があります。軟式野球のボールに9軸のセンサーを内蔵し、球速、回転数、回転軸、球種、変化量、腕の振りの強さを計測できます。

専用のスマホアプリも提供していて、データはその場で見られるようになっています。約30秒の紹介動画などもあり、ホームページからかなりの情報が得られるようになっています。

◆株式会社半兵衛麸　創業元禄2年の京都のお麸屋さん

300年を超える歴史だけでも他にない独自性があると言えますが、「かわら版」と名付けたブログでの発信や、「お辨當箱《べんとうばこ》博物館」を本店敷地内に開設されるなど、京都の食文化や歴史を後世に伝える姿勢がひしひしと伝わってきます。

ホームページは読み物としても充実した内容で、固定ファンも多いのではないかと思います。

◆株式会社企業サービス　企業向け調査専門機関

採用時のバックグラウンドチェックなど、企業向けの人材に関する各種リスク調査を行っている会社です。そもそも業務内容がユニーク。一般には何をしているのか分かりにくいので、社長自らブログを書くなど、細やかでユニークな形式でいろいろな情報発信をしています。

社長のキャラクターも素敵なので、次に紹介するCharacterにも該当します。

〈事例:Character(人柄)〉

◆株式会社箔一　金沢の金箔と言えばこの会社

金沢市は、金箔の国内製造量の98%を占め、400年以上もの歴史を持つ金箔の街とも言われています。金沢土産としても有名ですね。

AdvantageやUniquenessの点でも秀でていますが、自社のPRではなく「伝統産業の社長が考えていること」という情報発信を社長自らがnoteでしているのを見つけたので、Characterに分類しました。X(旧Twitter)やFacebookなどでも積極的に情報発信しています。

◆株式会社ナビット　「のりかえ便利マップ」で知られる情報企業

首都圏に住んでいる人なら、幾度となくお世話になったことがあるであろう、「のりかえ便利マップ」を作った会社です。今は、乗り換え情報にとどまらず、「あったらいいな」という様々なお役立ち情報を提供しています。

創業者の福井泰代社長が、子育て中にベビーカーでの地下鉄の乗り換えに苦戦して「のりかえ便利マップ」を作ったというエピソードが印象的。セミナーやイベントなども頻繁に実施されていて、情報発信にも積極的に取り組まれているので、マスコミの取材も多いようです。

◆石光商事株式会社　コーヒー研究に取り組んできた社長自ら情報発信

各国産のコーヒーを中心に、紅茶、酒類、食料品の輸入、製造、及び販売を行っている企業です。東証スタンダード市場に上場しているので、「中小企業」ではないのですが、社長自らが積極的に情報発信をしている事例として紹介します。入社以来一貫してコーヒーの研究に取り組んできたという社長のコーヒー愛と人柄が伝わってくるブログがなかなかいいのです。

〈事例:Process(過程)〉

◆中野物産株式会社　誰もが一度は食べたことがある「都こんぶ」

都こんぶが生まれた創業からのヒストリーや製造プロセスが、ホームページで丁寧に説明されています。それだけでも読み応え充分ですが、Xでの「都こんぶ【公式】」アカウントのポストが、ついクスッと笑ってしまう内容で、さすが大阪の会社といったところでしょうか。気がつけばファンになっているという情報発信を実践しています。

◆東京リボン株式会社　リボン・ラッピングのことなら何でも分かる

ラッピング教室なども行っているリボンの専門企業です。インスタグラムなどSNSでの情報発信に熱心で、動画でリボンの活用方法を配信するなどモノ売りにとどまらないコト売りへの展開を実現しています。ラッピング方法を教えるスマホアプリも提供。顧客が商品を利用するプロセスを分かりやすく提示しています。

◆桂新堂株式会社　ホームページを見たら誰もが「えびせん」を食べたくなる

慶応2年（1866年）の創業から始まる、えび愛に溢れたヒストリーと製造プロセスを見たら、無性にえびせんが食べたくなります。

VR工場見学で生産工程を見ることも可能です。工程を進みながら、画面を360度回転させることもでき、まさにプロセス開示のお手本のようです。

LCAにおいては、デジタルだけでなく、従来のアナログの広告をうまく使うことも考えます。新聞広告や、看板、駅などに貼るポスター、チラシなどの配布物。商品やサービス、ターゲット層によってはアナログの方が良い場合もあります。

営業担当者は、そういったところにまで関与することが求められます。**誰に対してどんなアピールが必要なのかを自ら考え、自ら作成し、自ら拡散します**。そういう意識を一人ひとりが持つことが、営業DXを成功させるための必須条件です。

見込み客を創出する動画活用法

YouTubeなどの動画で情報を得る人が若い人に限らず多くの世代で増えています。**顧客獲得・見込み客拡大のために、動画の積極的活用**を考えましょう。

動画は情報量が多いので、伝えたいことを的確に分かりやすく伝えるためのツールとして優れています。

ただし、ボロも出やすいので細心の注意が必要です。安易に動画を撮影して公開することによって、かえって評判が落ちることにもなりかねません。

会社として動画コンテンツ制作に取り組むなら、社内のトップ営業のプレゼンテーションを動画にすることから始めてみてはいかがでしょうか。未熟な営業担当者が個別にプレゼンテーションを繰り返すよりも、よほど効果的です。

配信にはYouTubeを使ったり、自社のホームページ上で公開したりすればいいでしょう。優秀な営業担当者のプレゼンテーション動画を作っておくことは**顧客開拓に**

貢献するだけでなく、社内教育用の教材にもなり一石二鳥です。ウェビナーの動画から、テーマごとに切り出して短い動画に編集することも可能です。

自社の社員が登場する動画を公開するにあたって**留意したいのが、「顔を出すことのリスク」**です。まず、本人の了解は必須です。

さらに、たとえ本人が了解したとしても、顔と名前、会社名が公表されることによるリスク対策を考えておく必要があります。

いったん動画が公開されると、どこまで拡散されるか予測がつきません。個人情報を突き止められて、個人攻撃を受けたりつきまとわれたりすることも、絶対にないとは言えない世の中です。

また、それらのリスクを回避できたとしても、動画に登場している社員が会社を辞めてしまったら使えなくなるケースも考えられます。

そういったことを考慮すると、**最初に人をアバターに置き換えて動画制作することも選択肢の一つ**です。宣伝したい商品やサービスの内容にもよりますが、説明をする人がアバターであっても違和感なく受け止めてもらえる土壌はすでにできていると思われます。今後はＡＩで作ったキャラクターやモデルを使うということもあるでしょう。

あるいは、顔出しをしないでパワーポイントなどの資料に音声を重ねて動画を作る方法もあります。

どのような方法が自社の商品にとって最良なのかは、やってみないと分からない部分も多いので、**まずは「動画で情報発信をする」と決めて動き出すことが大切**です。

コンタクトレス・アプローチによって商談に要する時間や手間が省けて効率が上がったところに、さらに動画をうまく組み合わせれば、効率だけでなく商談のクオリティも格段に上がります。余った時間でアプローチ数を増やして「数」を積み上げていきましょう。

3

第3章

ホームページから見込み客を取り込む

問い合わせフォームが営業窓口に

本章では、図表16に示したリード育成・スコアリングについて解説します。

見込み客を取り込むベースとなるのがホームページです。ホームページがない会社はほとんどないと思いますが、もしも、まだ作っていない場合は、**何よりも最優先で、今すぐ作りましょう。**

ホームページに絶対に必要なものは問い合わせフォームです。ほとんどの会社がきちんと備えていますが、問い合わせ先としてメールアドレスを掲載するだけで、フォームになっていないものも見かけます。

また、問い合わせフォームが一か所にしかないケースもあります。**どのページからも問い合わせフォームにアクセスできるように配置するべき**です。

次に力を入れたいのが**会社案内を充実させること**です。案外、会社概要はよく見ら

図表16：リード育成・スコアリングを行う

れていて、商品やサービスを見に来た人たちの多くが会社概要にアクセスします。この内容が薄っぺらいと顧客からの信用を築くことができません。

素性のよく分からないあやしい会社だと思われないように、基本情報である本社所在地や代表者氏名、設立年や事業内容に加えて資本金や取引先などについても隠さずに掲載した方が良いでしょう。

同様に、社長メッセージや企業理念、会社の沿革など、歴史や背景、想いを感じさせる内容も記載すると会社への信頼度が上がります。

最近、会社のホームページでよく見かけるのがチャットボットです。簡単な質問・問い合わせなど知りたいことを入力すれば、答えてくれるというものです。

まだまだ未成熟な印象ですが、生成AIの発達に伴い、今後は間違いなく回答内容のクオリティは向上していくでしょう。

チャットGPTで一躍有名になったオープンAIだけでなく、グーグルやアマゾンなどIT大手各社が開発競争をしているので、精度が上がりつつコストは下がることも期待できます。

「まだまだ使い物にならない」と決めつけずに、最新情報をつかみながら、うまく取り入れる方法を検討しましょう。

MAは採算とデジタル人材次第

WEB上でのマーケティングを考えるときに、必ず出てくるワードにMA（マーケティング・オートメーション）があります。

言葉の意味の通り、マーケティング業務を自動化するもので、それによってホームページやWEB上の広告・記事などを閲覧した個人を特定し、その趣味嗜好に応じた適切なアプローチを行うことで、見込み客を育てていくことができるツールです。

たとえば、誰がどのページを見たのかを追いかけることができます。ただし、そのためにはCookieを使わなければなりません。ショッピングサイトなどを開いたときに、「Cookieに同意しますか」という確認画面が現れた経験を持つ方は多いでしょう。

Cookieとは、ＷＥＢサイト上で個人が入力した様々な情報を記録したファイルのようなもので、現在、ＥＵ圏やアメリカにおいては個人情報と同等の扱いとなり、保護のための法律が施行され情報の取得・活用に対してユーザーの同意が必要となっています。

潜在的な顧客（つまり、自社のホームページなどを訪れてくれた人）を効率良くキャッチし、それぞれに応じた効果的な広告や情報を提供することができるので、うまく使えば大変役に立つツールなのは間違いありません。

ただし、中小企業にとっての課題は、利用にかかる費用が高額なことです。一般的なＭＡツールは、月額30万円程度かかります。

現在、国内で最も低価格で提供していると思われるものでも、初期費用10万円、月額数万円程度かかります。一見安いように見えるツールはデータが増えるにつれて従量課金される設定になっているので、案外、コストがかかるものです。

私は、**デジタル人材がいない中小企業が、これから営業DXを推進しようという段階でMAに高額の費用をかける必要はない**と思っています。

顧客数（WEBサイト訪問数）がそれほど多いわけではないので採算が合いません。しかも、社内にデジタル人材がいないので、MAで収集したデータを分析しても、それに基づいて即座にホームページを修正するような対応は難しいでしょう。あると便利なものではありますが、「高額な出費」の割に合いません。

では、どうすればいいのか。**まずは無料のGA4（グーグルアナリティクス4）を活用しましょう。**GA4によって、たとえば次のようなことが分かります。

・ページビュー数：WEBページを閲覧した回数

・セッション数：WEBサイトへの訪問数
・ユーザー数：閲覧回数に関係なくユーザー数をカウント（ユニークユーザー）
・新規ユーザー数：新規にWEBサイトを訪れたユーザーの数
・ページ遷移：閲覧の経緯、どのリンクを開いたか　など
・コンバージョンレイト：最終目的である問い合わせや購買まで至った割合

最後に挙げた**コンバージョンレイトは、とりわけ重要な指標**です。

問い合わせフォームまでたどり着いたのに問い合わせボタンを押してくれなかった人がどのくらいいるかが分かるので、それが多い場合には何らかの阻害要因があると考えられます。

「押しにくい」「あやしい」「説明が分かりにくい」など、原因を突き止めて修正をかけていくことができます。

これらの情報を月次で追いかけて対策方法を考える。中小企業としては、まずはその程度のことを徹底的にやれれば充分です。

問い合わせ件数を激増させるための施策

なぜホームページをしっかりと整備し、GA4などを使ってマーケティング分析を行うのか。**すべては、見込み客、潜在ニーズのある人の情報を得るため**です。

情報とは、ここでは、メールアドレスを指し、**メールアドレスを手に入れれば、直接アプローチができる**ようになります。

メールアドレスを手に入れるためには、フォームからの問い合わせや資料請求をしてもらう必要があります。

無料でノベルティをプレゼントする、特別な動画を提供する、試供品やトライアル企画への参加権を提供する……このように企業が見込み客に対して提供するものをマーケティング用語で「ホワイトペーパー」と呼びます。**いかにホワイトペーパーを充実させて、見込み客の気持ちをつかむかが大切なポイント**です。

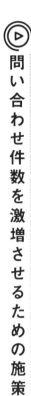

SEO対策も必要です。検索エンジンの検索結果の上位に自社の商品やサービスが表示されるようにしたいものです。そのためには、商品やサービスごとにサイトを作っておくのが効果的です。その方がキーワード検索で上位に表示されやすくなります。

要するに、検索したキーワードに対するコンテンツが充実していると判断されやすくなるということです。

SEO対策を専門に行う業者などもありますが、結局のところ、コンテンツが充実していることが一番で、いろいろと対策してそのページを上位表示させ、閲覧させたとしても、「中身がないな」と思われたら、即離脱されて終了となります。第2章のLCAのところで触れた情報の発信を真面目に頑張ることが、近道となります。

取り扱っている商品の幅が広い、対象としている顧客の属性が多様である場合には、様々な商品やサービスがごちゃごちゃして見つけにくくなりがちです。WEBサイト内の動線を顧客目線で考えて、ページを作り込むことが大切です。

ホームページは、ノーコードツールが豊富に出回っているので、自社で作ることも可能ですが、会社の「顔」でもあるので、使い勝手やコンテンツを充実させる技術だけでなく、デザイン要素も重視すべきです。細かい修正は自社でも行いたいですが、専門の業者に基本構造は作ってもらった方が安心かもしれません。

扱っている商品によっては、綺麗でカッコいいサイトデザインよりも、手作り感がある方が信頼感や安心感を持ってもらえることもありますので、あくまでも自社が発信したい内容に応じて考えてみてください。

見込み客は自動で取り込み、自動で振り分ける

しっかりとした内容のホームページを作り、ホワイトペーパーを用意して問い合わせを促す働きかけをすれば、資料請求や問い合わせの連絡がたくさん入ってくるようになります。それに備えて、**問い合わせを自動処理できる仕組みを作っておく必要があります。**

これまでは、社内に「問い合わせメール担当」がいて、その担当者のメールボックスにすべての問い合わせがいったん入り、担当者が内容によって営業担当者やその他

ふさわしいと思われる人に割り振るということが行われてきました。
この場合、メールを管理する担当者が何らかの事情で対応できなくなると、とたんにメール処理はストップしてしまいます。

ここで、デジタルツールの出番です。**問い合わせメールを内容に応じて自動で振り分けて、ルールに沿ってサンキューメールを返信するなどアクションできる仕組みを導入しましょう。**

たとえば、「こういう内容のときには○○部のAさんに送る」「資料を送付したら、その後のフォローは○○部のBさんに依頼する」など、こんなときにはどうアクションするかというルール（＝アクションルール）を細かく設定することで、受け取った問い合わせへの対応がスムーズに流れていきます。

そして、この状況を個々のメールボックスに入れて見えなくするのではなく、担当者全員が共有できる状態にしておくことも重要です。情報はすべて「見える化」して、共有のデータベースに格納するというのがDXの基本です。

問い合わせの数は、見込み客のメールアドレスの数です。集まったメールアドレス宛に、メルマガや情報提供のメールを配信する作業にもデジタルの力を使いましょう。

なぜなら、一度に大量のメールを通常の方法で送信するとシステム上エラーになって、はじかれてしまうことがあるからです。一定数を超えた配信をする場合、メール配信の専用ツールを活用することをお勧めします。

メール配信ツールを使えば、一度送って終わりではなく、○日後に2通目のメールを送り、1カ月後に3通目のメールを送るといった「ステップメール」と呼ばれるものを活用することもできます。問い合わせのあった見込み客に対して、自動的にアプローチする仕組みです。


メールを送った後に、そのメールが開封されたかどうかを知ることもその後の営業活動においては大事なポイントです。残念ながら企業からの営業メールは開封せずにそのままごみ箱に捨てられるケースが非常に多いのですが、開封してくれた人は「脈あり」の可能性があります。

そういう人を絞り込んでフォローするためには、開封された瞬間に通知が来たり、

図表17：メール配信ツールで営業管理

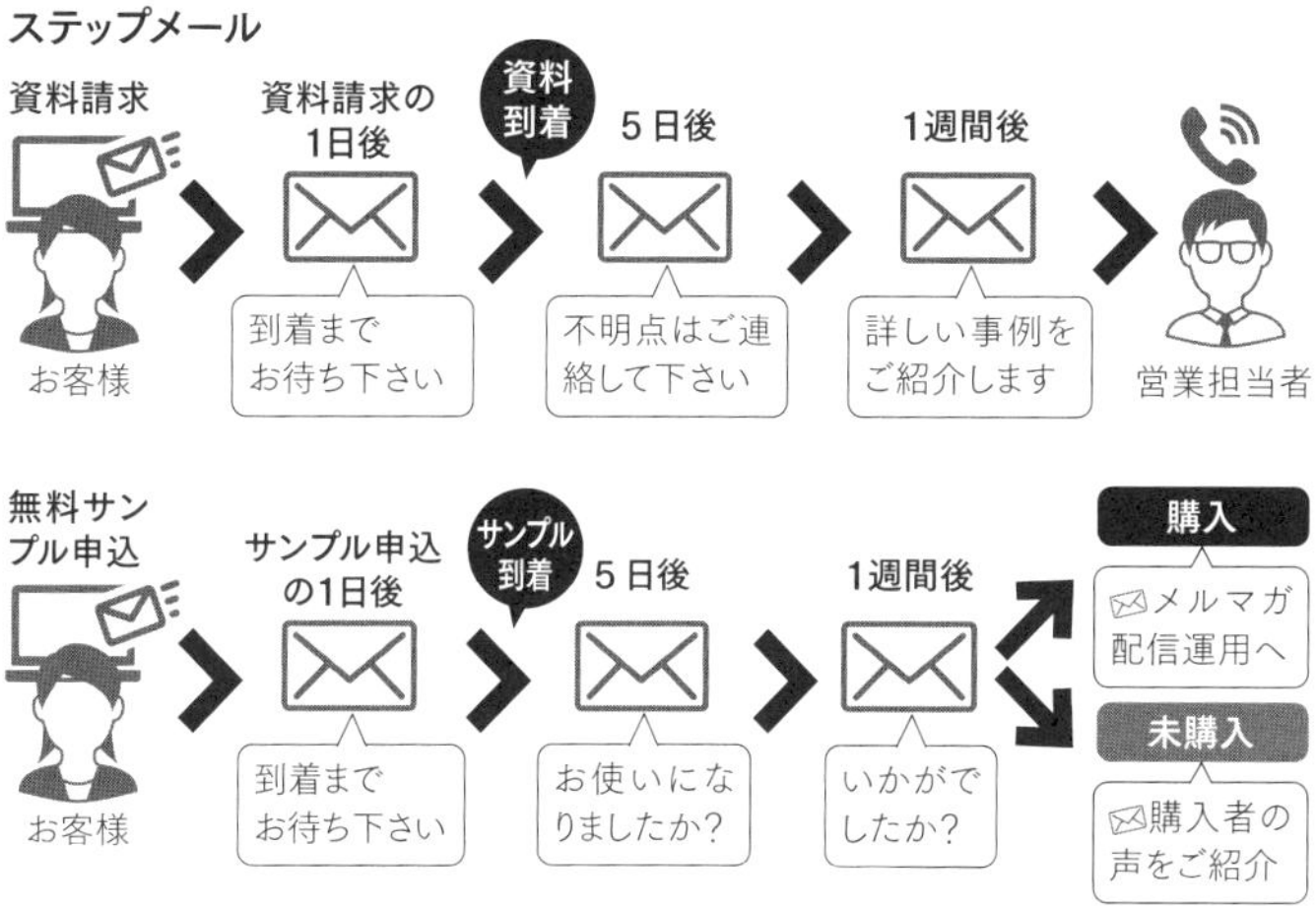

メール文中の商品案内のリンクをクリックしたかどうかが分かったりする設定をしておきましょう。その反応に応じて個別に対応すれば、効率的にアプローチできます。

このとき、**メール配信日時による開封の有無などについてもデータを収集しておきましょう。**何曜日の何時頃なら開封される確率が高いのか、どのような件名のときに開封率が良かったかなどは、今後の戦略を考えるうえでとても大切な情報です。

さらに、共有メールの設定も必須です。インフォメールなどと呼ばれるもので、同じメールアカウントを複数のユーザーで共有します。ユーザーごとにアクセス権の設定もできるので、権限に応じて使い分けることも可能です。

メールを共有することにより、チーム全体で対応状況がタイムリーに把握できます。個人の対応漏れや二重対応を確実に防止するだけでなく、顧客への対応スピードのアップにもつながります。

名刺のデジタル化で顧客管理

多くの中小企業を見ていて、思いのほかできていないのが、名刺のデジタルデータ化です。

コロナ禍でテレワークが進み、リモート営業が当たり前になって、リアルに顧客と会って名刺交換をする機会は減りました。しかし、コロナ禍が落ち着いた今、再びリアル商談が増え始めています。

リアルに会えば、名刺のやり取りが生じます。この名刺情報を紙のまま、営業担当者の属人管理のままにしてしまっていませんか。

図表18：名刺はＯＣＲで読み取り

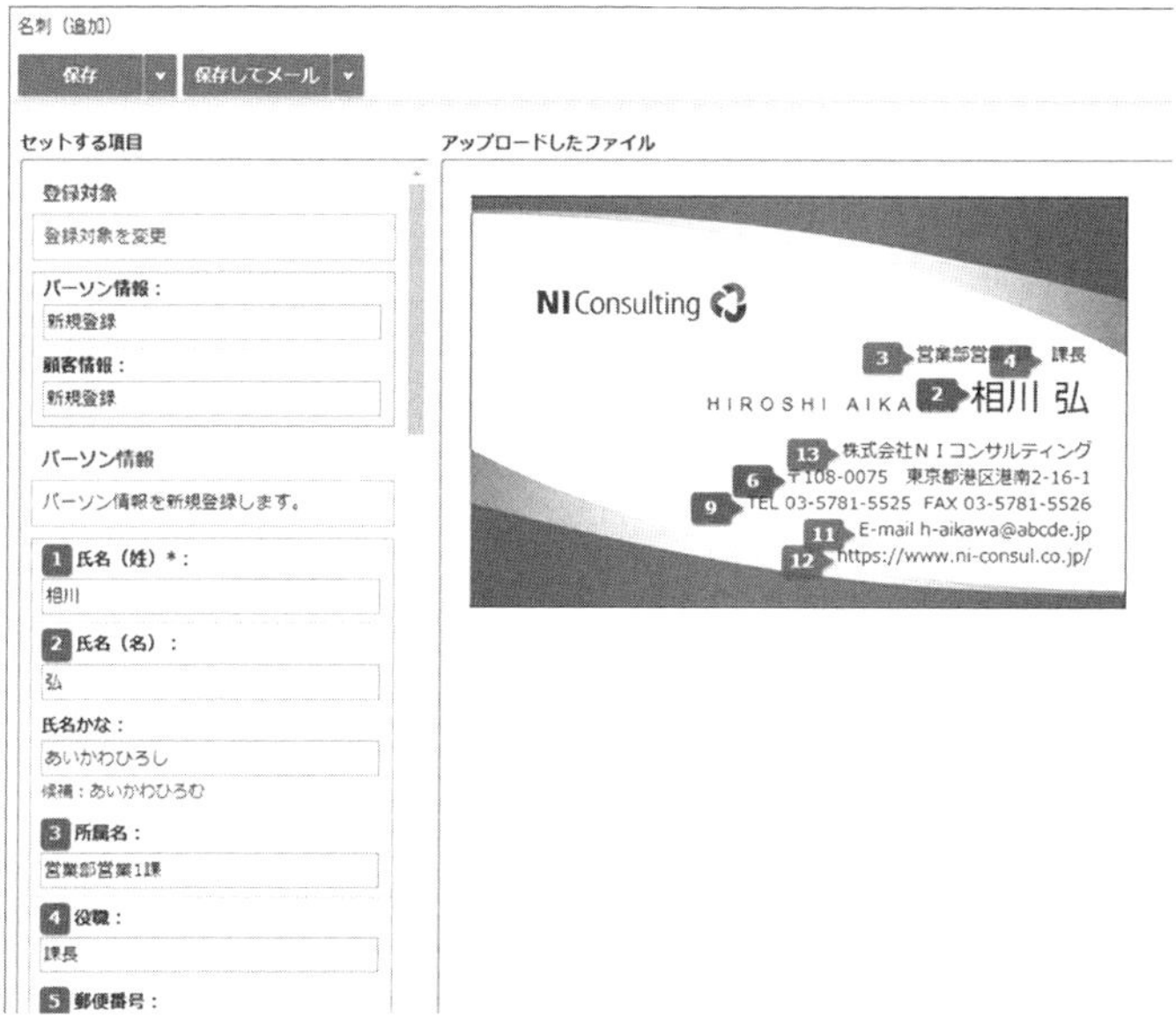

ホームページから見込み客の情報を取り込むことも大切ですが、営業担当者がリアルに会った見込み客の情報も同じように大切にしなければなりません。

最近では、名刺をスキャンして文字情報を読み取るＯＣＲ（光学的文字認識）の精度が上がり、情報の取り込みが簡単になりました。名刺を受け取ったら、すぐにスマホや複合機などでスキャンしてデジタル化することを徹底しましょう。

ＯＣＲ読み取りは、読み取り結

果に間違いがあれば修正するという手間がかかってしまいますが、その分、コストは低く抑えられます。

名刺入力を代行してくれる名刺管理サービスは、人間が内容を確認して補正までしてくれるサービスなので、その手軽さゆえに、データ化だけで終わっているケースが散見されます。

人力補正はやってもらうと楽ですが、人が関与する分、どうしてもコストが嵩みます。また、データ登録が翌日になるなど運用上の問題もあります。

顧客データを一気通貫で流していくためには、**名刺はOCRを活用してその場でデジタル化し、商談した内容とともにすぐに登録する習慣づけを徹底しましょう。**

テクノロジーを活用して見込み客を自動化・効率化

ここまで紹介してきたように、ホームページを改善するだけで、リード（見込み客）数はアナログ時代に比べて一気に増大する可能性があります。営業担当者が見込み客一人ひとりを個別に「育てる（＝ナーチャリング）」余裕は時間的にも労力的にもありません。

ここでも、デジタルツールの出番です。見込み客の名前や属性、メールアドレスが紐づいた情報を「ダム」に放り込みます。紙の名刺からデジタル化した情報も当然「ダム」に入れます。

このダムを「アプローチダム」と名付けます。役割としては一度でも見込み客として上がってきた情報を、とりあえずすべて保管してくれるものです。

もちろん、ダムに入れたまま放っておくのではありません。ステップメールなどのメール配信によって見込み客の気を引く中で、**「開封してもらえた」「リンクをクリックしてもらえた」という反応の履歴をスコアリングし、点数が上がってきたところでリスト化され、営業担当者に割り振られる仕組みを作っておきます。**

こうした仕掛けを私は、「スプリンクラー＆メッシュ」と呼んでいます。魚が入った生け簀にスプリンクラーで餌を撒いて育てるイメージで、顧客がたくさん入ったダムにスプリンクラーでメール配信し、育ってきたらメッシュ（ふるい）にかけてスコアが上がった顧客だけをすくい上げるわけです。

営業担当者は、そのリストを見て、スコアの高い順に電話をかけてアポイントを取るなど積極的に営業することができます。「スプリンクラー&メッシュ」は、各社から出ている様々な営業支援ツールによって実現可能ですので、自社に合うものを探してみてください。

本書の目指す営業DXのゴールは、「普通の人が普通に仕事をしたら受注できる」というものです。「アプローチダム」が、自動的にメッシュにかけて有望客だけをリストアップしてくれるので、属人的な能力による分析や経験などは必要としません。**テクノロジーを活用することで、「見込み客の分析」「有望客の選別」を自動化・効率化できる**のです。

また、営業DXを推進するからといって、すべてのアナログ対応をやめるわけではありません。**データのクリーニングのために、あえてアナログ手段を交えていくことも有効です。**

図表19：メッシュランキングのイメージ例

窓口だった担当者が社内異動で別の部署に変わっていたり、転職などでもう会社にはいなかったり、オフィスを移転していたり、データはどんどん古くなります。

数年後にメッシュにかかってリストアップされてきても、もうすでに担当者と連絡がつかないケースも起こり得ます。

資料の送付先や担当者の変更といった情報のクリーニングに、案外役に立つのが暑中見舞いや年賀状などを「郵送」してみることです。宛先に該当者がいなければ返送されるので、明確に変化が分かります。

弊社では、年賀状の他に、年2回発行の機関誌を送ることを続けています。これは、**情報のクリーニングという目的に加えて、メールを送っただけでは見てくれない相手に気づいてもらうという狙い**もあります。

そのため、機関誌はわざと透明の封筒に封入し、封を開けなくても「ＮＩコンサルティングから何か届いた」と思ってもらえる工夫を施しています。

メール配信は一気に大量に送れるうえに、コストもほとんどかからないので、大変便利なものです。

しかし、メールできた情報は読まずにごみ箱に捨てるけれど、郵送で届いた場合は開けて確認するという人は、今でも結構多いようです。郵便料金の引き上げも予定されているので、コストの見極めは必要ですが、何もかもデジタル化するのではなく、アナログならではの良さは活かしていきたいものです。

4

第4章

営業をパラダイムシフトせよ

インサイドセールスを分業すべきか？

この章では、図表20に示した営業・商談・見込み管理について解説します。
まず最初に「営業とは何か」「営業の本質とは」について改めて考えておきましょう。
それによって、営業DXが目指すべきゴール像がより明確になります。

営業とは何か——。

営業とは、持っている価値を相手に伝え、その価値を認めてもらい対価をいただくこと。私はそのように定義しています。

顧客を訪問するかどうかは、関係ありません。何回訪問をしたから熱心で良い営業というものでもないのです。会うべきときに会い、会わなくても良いときにはリモートで用件を済ませます。

使える時間もパワーも限られているので、効率と効果を最大化することを常に考えて行動することが重要です。

図表20：営業・商談・見込み管理

潜在顧客を作るための施策を行い、リードやＷＥＢサイトからの問い合わせなどが実際に増えてくると、効率と効果を最大化するために、営業部門からインサイドセールスを分業させるかどうかが検討事項として挙がってきます。

インサイドセールスとは、客先を訪問するのではなく、メールや電話などで顧客とコミュニケーションをとることを専門とする内勤の営業活動のことです。初期説明とアポ取りを専門に行う部隊といったイメージです。

獲得できたアポイントは、営業担当者に引き継がれることを前提としています。外資系企業を中心に日本でもインサイドセールスという職種が一般化してきました。コロナ禍でテレワークが強制されたときに、否応なくインサイドセールス状態になったという背景もあります。

アポイントが供給されるので、営業担当者にとってはありがたいことですが、中小企業の場合は人手の問題もあり、社内にインサイドセールスのチームを持つのは現実的ではありません。

営業担当者がマーケティング機能も担っているような規模の企業では、分業を考えるよりは、営業担当者の業務の幅を広げて、デジタルでサポートすることを考えた方が良いでしょう。

特に、リード数がそれほど多くないうちは、この方法が効率も良く、効果的です。なぜなら、営業担当者が自らリードを生み出した場合、同じ人間がフォローを担当した方が顧客の心をつかめる可能性が高いからです。

「あの人の説明が気に入ったのに、違う人が会いに来た」というのでは、がっかりされてしまうこともあります。

ただし、営業DXを進め、LCA活動のおかげでリード数がどんどん増えて、フォロール切れなくなると話は別です。その場合は、フォローコールするリードが充分にあるわけですから、専任のフォロー担当者を置く価値があります。**目安としては月間リード数が500件を超えたら検討すると良いでしょう。**

月間500件のリードがある場合に、20営業日で考えると、1営業日当たり25件の新規リードが創出されるわけです。

過去のリストも当然追いかけるので、リードに対してフォローし切れず放置するようなマイナス面が大きくなってきますから、分業の価値が出てきます。

営業担当者はスパイであれ

営業DXを導入するうえで知っておくべき、ストラテジックセールスという言葉をご存じでしょうか。そのまま訳せば、「戦略的営業」という意味です。

「ダム」と「観覧車」の考え方のベースになるのですが、**営業とは、売ることが仕事ではなく、聞いたり調べたり情報を流したりすることが仕事である**という発想の転換をしてもらいたいのです。「営業担当者は営業活動ではなく、諜報活動をする」すなわち、「**営業担当者はスパイであれ**」というわけです。

営業活動は「商品を売る」ことであり、営業担当者は「モノ売り」であると一般的に考えられています。

しかし、今やこれだけ成熟した社会で、露店の叩き売りのように「安いですよ、一つオマケをつけますよ」などと道行く客に声をかけて商品を売ろうとする営業担当者はいません。

営業担当者は、顧客の考えや購入検討の背景などの事情をしっかりヒアリングして顧客の理解に努めます。そして、ヒアリングしたことが本当かどうか、実際にはどうなのかを調べたり、そのニーズにマッチした商品は何か、それに類似した事例はあるか、といったことを調べたりもします。

そうして、ヒアリングしたり、調査したりした結果をもとに、その顧客が商品を購入するための意思決定材料、購入後のメリットや競合商品とのコスト比較、それらを判断するときに必要になる視点や着眼点などについての情報を顧客に提供します。

その結果、顧客が「なるほど、私が必要としているのはまさに御社の〇〇だね」「たしかに御社の〇〇という商品なら弊社の問題を解決することができそうだ」などと判断して、最終的に商品が売れるわけです。

これを単に「モノ売り」と呼ぶのは単純化し過ぎで、**「情報の力によって人を動かす活動」**であると言いたいのです。

諜報活動やインテリジェンス活動と言ってもいいでしょう。「営業担当者はスパイであれ」というのは、**情報を操るプロフェッショナルであるべき**だという意味です。

営業担当者は、優秀なスパイのように頭を使って情報を収集し、またときには情報を操り人を動かします。とはいえ、相手のあることですから思い通りにならないことも多く、確実に売れるわけでもありません。

ただし、**その売れなかった「失注」という結果を「無駄だった」とネガティブにとらえないことが大切**です。

「失注」というのはあくまでも結果であって、営業とは「聞いたり調べたり情報を流したりする」ことです。失注までには、いろいろとヒアリングした情報もあります。失注理由という大事な情報も収集できます。受注した会社はどこなのか、どんな商品なのかといった情報も貴重です。

それらの収集した情報はすべて「ダム」に貯めます。

失注理由が分かっていて、顧客に対する理解も進んでいます。競り負けた競合についての情報も分かっていれば、**情報の蓄積によっていつ買い換えるのか、いつ契約が切れるのか、いつなら追加の購入の可能性があるのかといった時期が見えてきます。**

そうなれば、あとは「観覧車」に乗せるだけ。

「観覧車」に乗せれば、期日管理はデジタルの力で行われるので、ちょうど良いタイミングで再提案が可能です。

それに加えて、前回の失注から学び、その失注理由をクリアして、競合よりも魅力的な提案をすることができます。

結果的に受注に至れば、**前回の失注は今回の受注のための一つのプロセスに過ぎな**

かったということになります。前回の失注があったから今回の受注が獲得できたと言っても良いでしょう。

そう考えれば、失注は決して無駄なものではなく、営業活動において日常的に発生する一つの事象であり、そこで得た情報を次に活かすことが重要だということになります。営業活動から「失注」や「無駄足」という概念を無くすのが、ストラテジックセールスという考え方です。

目の前の見込み客に、一発勝負だと言わんばかりに相手の事情も考えずに無理やり売り込むのではなく、**確実に買ってもらえる循環プロセスを作ることが重要**です。

そして、その売上増の無限ループを生み出す仕組みはデジタルツールの活用により実現可能なのです。

顧客の購買基準を定める営業プロパガンダ

営業という仕事の本質について、さらに深く考えていくために「営業プロパガンダ」

という言葉を用いてみたいと思います。

プロパガンダとは、情報戦などと訳されることのある言葉ですが、何らかの情報を流したり恣意的に広げたりすることによって、対象となる人たちに、ある特定の価値観や思想、趣味嗜好を植え付けたり、親近感や共感を抱かせたりするように誘い込む一連の行為を指します。国どうしのインテリジェンス活動においては欠かせない重要な要素でもあります。

つまり、**営業プロパガンダとは、顧客が正しい判断を行い、「買いたい」という決定を下すために必要な情報を伝え、判断基準や購買基準を作り出す活動**だと言えるでしょう。

営業とは顧客への商品の売り込みではありません。顧客が自らその商品を選択するように、購買基準を構築し正しく誘導することが営業担当者の仕事です。

あらかじめヒアリングしたり読み取ったりした顧客の期待やニーズをもとに、購買基準となる適切な座標軸を作り、そこにピッタリと収まる商品を提示すれば、顧客はそれを自然と選ぶことになります。

ところが、多くの営業担当者は、顧客の座標軸（購買基準）を作る前に、自分が売り込みたい商品の説明を始めてしまいます。

これでは、たまたまその商品にピッタリの顧客と出会うまで当てずっぽうの営業を繰り返すことになります。

次に多いのが、顧客の座標軸を聞くのは良いのですが、その座標軸に合わせて商品提案をしようとする営業担当者です。

顧客のニーズは無視できませんが、顧客はあくまでもその商品の素人であり、最新の情報を知りません。何となく「こういう商品が欲しい」と思い込んでいるだけの場合も少なくありません。

営業プロパガンダで、まず顧客に正しい座標軸を持ってもらうことが必要なのです。

たとえば、図表21を見てください。左右の四角の中には、同じ点がプロットされており、丸で囲っている点も同じ点です。

左右で違うのは、座標軸だけです。座標軸が違うだけで、見え方が大きく変わって

図表21：顧客の要望を座標軸でとらえる

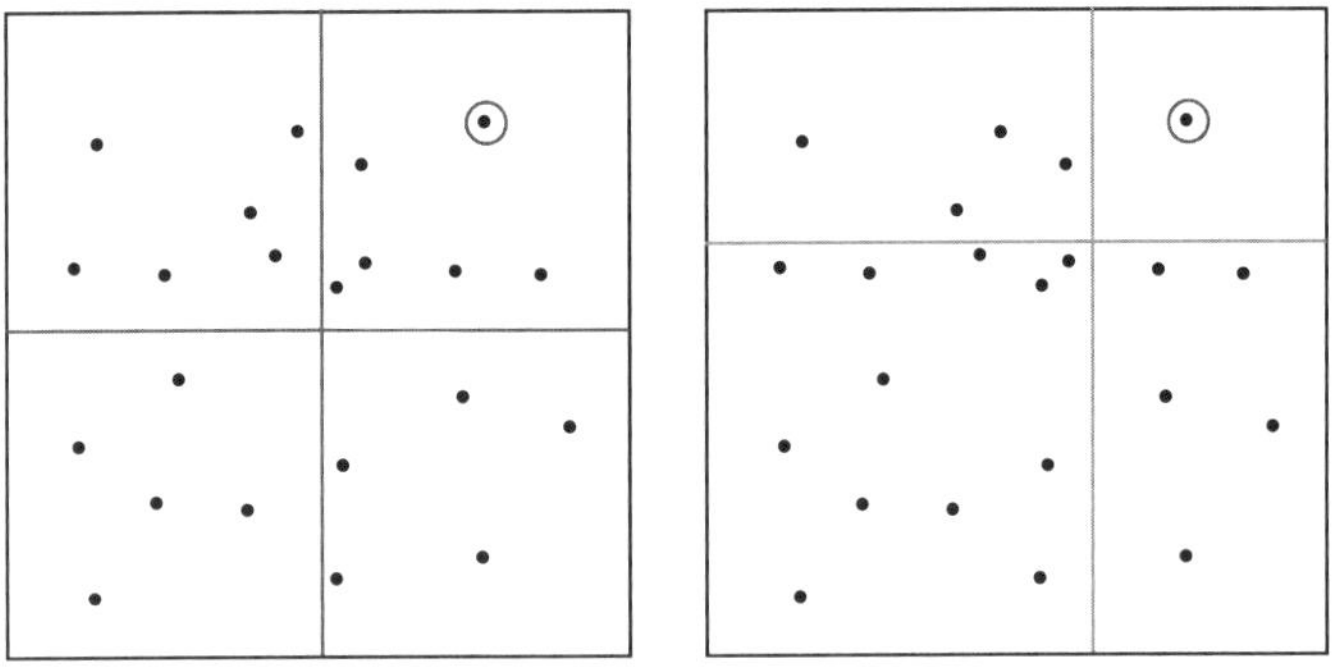

新しい購買基準を提示すると、
見え方が変わる

くるのが分かると思います。

営業担当者がやるべきことは、丸で囲った点を説明することではなく、この点をどう評価するかという座標軸を作ることです。これが営業プロパガンダという考え方です。

たとえば、自動車を販売する例で考えてみましょう。

分かりやすいようにちょっと極端な例を挙げてみると、「軽自動車の価格でフェラーリに乗りたい」という顧客がいたとします。

得てして顧客は好き勝手なことを要望してくるものですが、このような顧客を相手にしていては時間の無駄だと接客を切り上げるか、「低価格のスポーツカーであれば、フェラーリではなく国産のスポーツカーはいかがですか」と顧客の座標軸に乗って何とか売り込もうと考えるか（実際には、軽自動車の価格では、国産のスポーツカーも買えないでしょうが）。もしくは、それほどコストをかけずに乗れる方法として、「リセールバリュー」という座標軸を提示し、発想の転換を促すことも可能です。

自社の商品を売り込もうとするのでもなく、顧客の言いなりになるのでもなく、営業担当者は正しい情報、新しい情報をプロパガンダすることで、顧客が新しい座標軸を作れるように誘導していきます。そのうえで、商品を提示していけば、自ずと売れるようになるわけです。

ストラテジックセールスとデジタルの力で、無限ループを回す

ストラテジックセールス、そして営業プロパガンダ。こういった発想でデジタルツー

ルを活用し、営業活動を続けていくと顧客を循環させるループが回り始めます。

LCAによって見込み客のメールアドレスを取得し、メール配信により情報を広くいきわたらせることが可能になりました。メールへの反応などをもとに可能性が高いところに営業担当者がアプローチをします。

アプローチはするけれど、売り込むわけではなく、失注を恐れずに情報を収集し、その情報と顧客を紐づけて、ダムに戻します。タイミングを見て、ダムでふるいにかけられた顧客に、改めてアプローチをかけていく……**ストラテジックセールスとデジタルの力を借りて、無限ループを回します。**

大事なのは、失注した顧客も受注した顧客も財産にしていくということです。「売れる・売れない」を競うのではありません。

もちろん、失注することが良いわけではありませんが、「なぜ今回は買ってもらえなかったのか」という理由が分かれば、それは情報として価値があります。

図表22：デジタルと戦略的営業の力で無限ループが回る

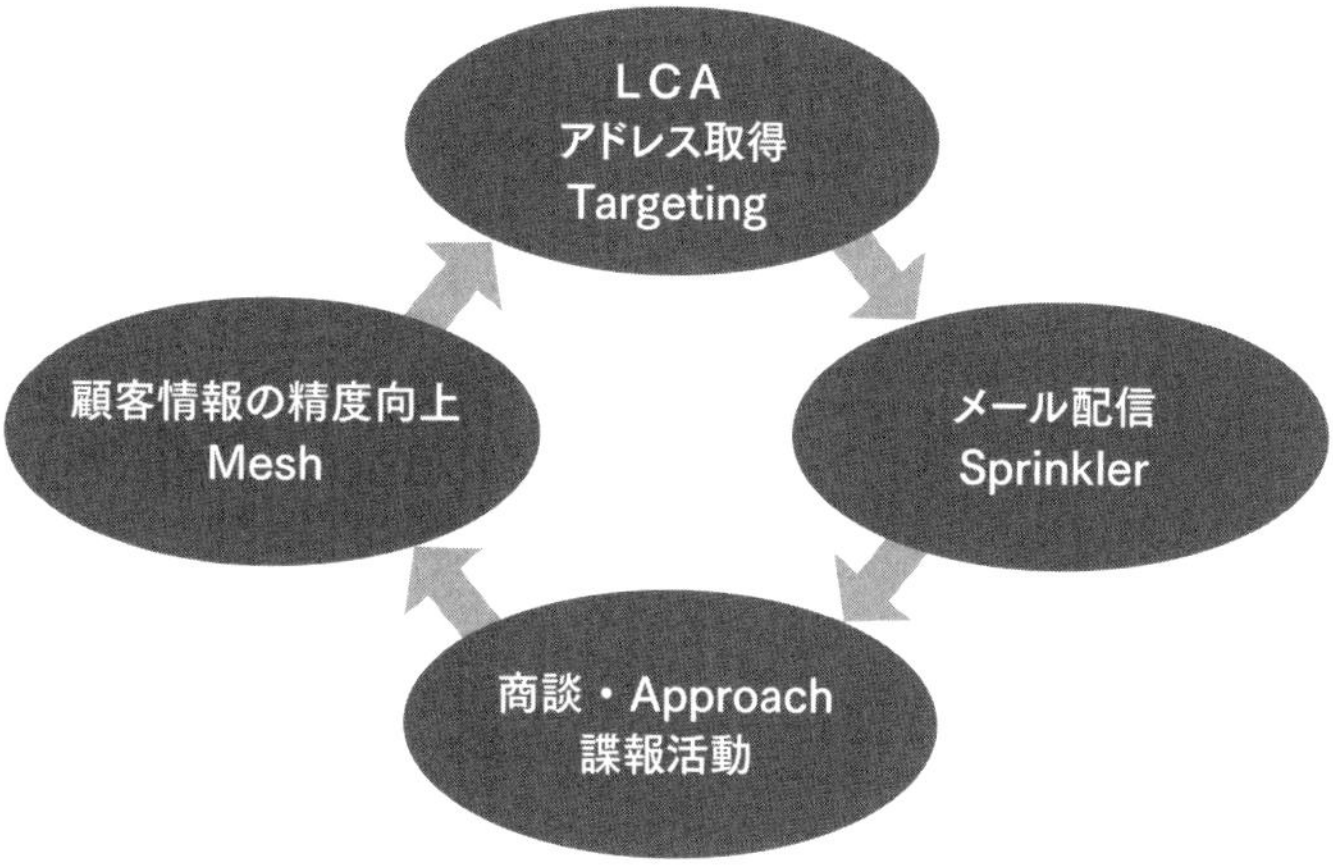

その情報を得たことを一つの成果として失注をもプラスとして考えるのがストラテジックセールスの基本です。

営業担当者は情報を扱うスパイなので、モノが売れなくても必要な情報を収集できれば良いのです。

それが、**情報を武器とする営業ＤＸの「核」となる考え方**です。

5

第5章

SFAで「営業を見える化」する

営業現場は戦略実行の最前線

本章でも引き続き、図表23に示した営業・商談・見込み管理のパートについて解説します。

企業の戦略実行の最前線にいるのは営業部隊です。商品やサービスに関する情報、自社がやろうとしていることをマーケットや顧客に流す一方で、外からの情報を収集するのが営業担当者の重要なミッションです。

「お客さんからこんな不満をぶつけられた」
「このサービスへの反応は良かった・悪かった」
「ちょっと値段が高いと感じている方が多いようです」

それぞれの営業担当者が集めてきた顧客の情報を「ダム」に貯めて、ストラテジックセールスを進めていくために、**営業担当者が入手した情報を「データ化し、共有す**

図表23：営業・商談・見込み管理

る」仕組みを作る必要があります。

情報をデータ化し、共有するというのは、いわば「見える化」することです。

よく生まれてしまう誤解は、デジタルを通して「営業の見える化」を推進すると、「営業担当者がサボっていないかどうか」という「営業活動の見える化」になってしまうことです。

しかし、**売上を上げるために必要な営業の見える化とは、「顧客の見える化」**です。それは、「マーケットの見える化」につながります。

戦略実行の最前線にいる、営業担当者の集めた情報をデータ化することで、顧客や市場を把握し、効率的な営業を実現していくことが可能なのです。

アメリカ式SFAはなぜ日本で定着しなかったのか

アナログの時代には、営業担当者の活動を見える化するために多くの会社で紙の日報が活用されました。毎日、退社前に日報用紙に向かって手書きするという時代を経験されたベテランの方も多いでしょう。

日報に記載するのは、その日にどんな行動をしたかなどの行動記録でした。これだけでは商談の内容までは分かりません。

そのため、几帳面な会社では、日報とは別に顧客カードを作り、訪問した顧客ごとにどんな商談をしたかを時系列に記入していくことが行われていました。

さらに、売上見込みを立てるための案件リストも必要です。月末・月初などに開かれる営業会議では、この案件リストをもとに作戦会議を行う会社が多かったと思います。

図表24：日報・顧客カード・案件リスト

日報

○月○日

09：00　Ａ社
10：00　Ｂ社
13：00　Ｃ社
15：00　Ｄ社
17：00　Ｅ社

営業担当者の一日の動きは分かるが顧客ごと、案件ごとの流れがつかめない。単なる行動管理になってしまう。

顧客カード

ABCD 株式会社

○月○日　定期訪問
○月○日　見積提出
○月○日　打ち合せ
○月○日　現地調査

営業担当者の動きが分からず、上司に毎日提出されるものではないために運用が徹底できない。ヌケモレが発生してしまう。

案件リスト

○月○日

案件名	金額	受注予定
案件A	250万	4月10日
案件B	800万	4月15日
案件C	570万	4月27日
案件D	320万	4月28日

営業会議用資料として作成するが、手間がかかり、すぐに情報が古くなってしまい、結局営業担当者の属人管理になってしまう。

今思うと日報を書いて、顧客カードも書き、さらに案件リストへ転記というのは、二度手間、三度手間の無駄な労力のように思いますが、当時はこれがないと営業のマネジメントができませんでした。

それが今では、ＳＦＡ（営業支援システム）というデジタルツールを使えば、一度入力するだけで３つの役割を果たしてくれます。

それなのに、このＳＦＡについては、いまだに「あまり役に立たない」「使いづらい」といった誤解が残ったままです。

なぜかというと、最初にアメリカからＳＦＡが入ってきたとき、日本の会社は「これを営業担当者の活動を把握するための日報代わりに使いたい」と考えてしまったからです。これが、現場を混乱させてしまい、ＳＦＡの本来のメリットをうまく活用できない事態を引き起こしてしまいました。

アメリカのＳＦＡはSales Force Automationの略で、今はOracleに買収されましたが、１９９３年に設立されたSiebel SystemsがＳＦＡツールをリリースしていましたので、30年も前からあるものです。

元々、営業プロセスや見込み案件の管理を自動化するツールとして開発されました。アメリカではほとんどの営業職はコミッション契約で、出来高に応じた報酬を受け取るため、営業担当者の行動を管理するという発想も、その必要もないという背景があります。

アメリカでの動きを受けて、１９９５年頃から日本の企業でもアメリカ式のＳＦＡの導入が進みましたが、前述の理由により、日報画面は当然ながらありません。そのため、日本人には使いにくかったようで、運用の徹底がなされず効果が出ないケースが続出しました。

その後、日本企業向けに日報画面が加えられたりもしましたが、行動管理が目的になってしまい営業担当者にはまったくメリットがないものになりました。「見張られているようで嫌だ」と感じてしまい、虚偽報告や入力拒否が多くなってしまったのは、当然の流れでした。

そこで現れたのが日本式SFAです。同じSFAでもこちらはSales Force Assistantの略で、営業活動を支援するためのシステムとして登場しました。

管理するためのSFAから支援するためのSFAへ

営業活動を支援する目的に沿ってSFAを具体的にどのように使っていくかを、5つの段階に分けて説明します。どうしても日本企業ではSFAを日報的な行動管理をするものとして理解しようとするので、日報がどう成長していけば良いのかという提示とともに解説しています。

図表25：日報の成長過程

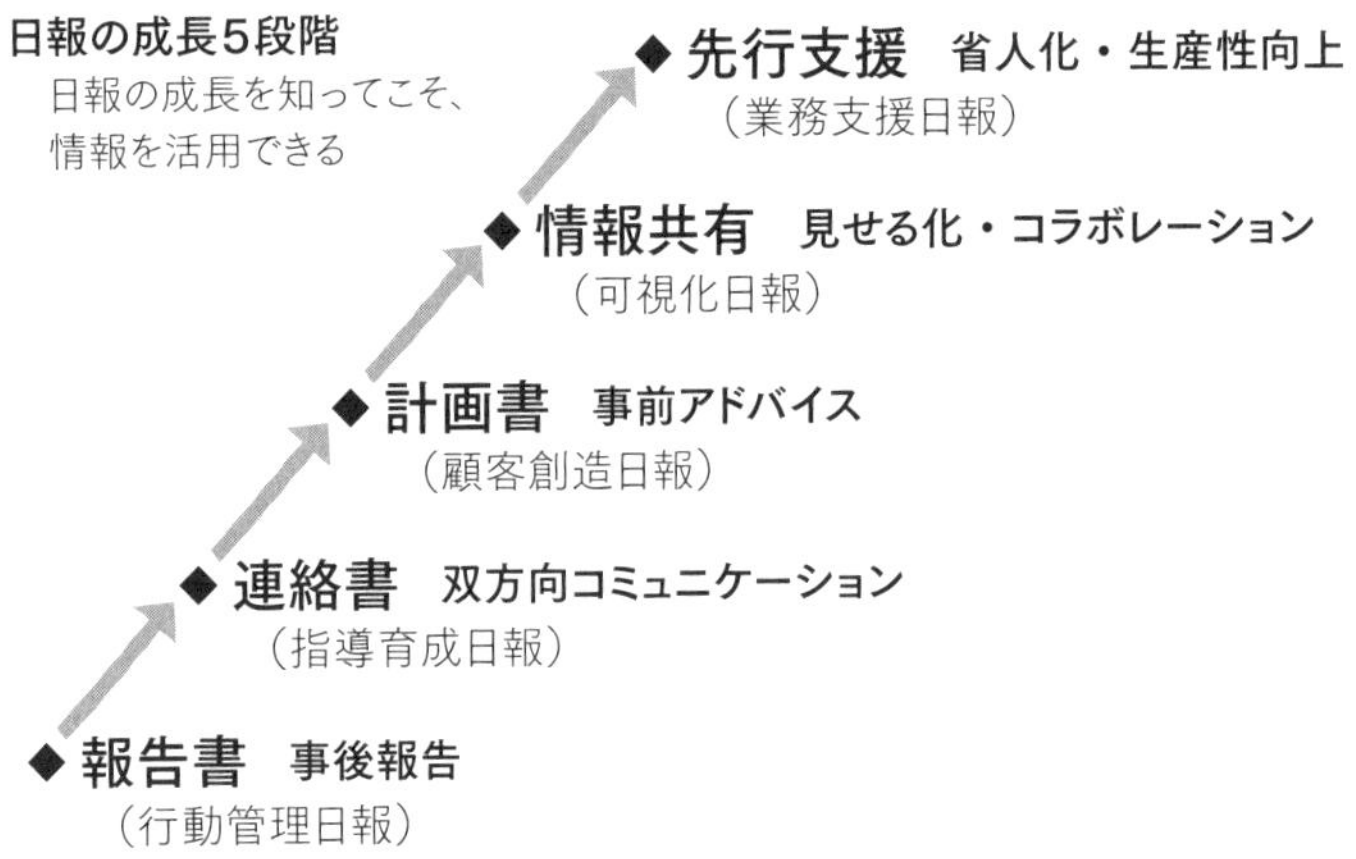

第一段階の「報告書」から始まり、「連絡書」「計画書」「情報共有」、そして、最終の第五段階は「先行支援」です。順に詳しく見ていきましょう。

〈第一段階：報告書〉

日報を字の如く「その日の報告」ととらえると、日報に記される内容はすべて事後報告になります。行動の報告と、結果の報告。ただ一方的に伝えるだけで、上司は「見ました」という確認のみ。特にコメントを入れることもなく、訪問件数や電話本数などをチェックし、一日サボっていなかったかを確認します。

　コメントを入れるときには、「なぜ○○しなかったのか」「○○をやるように言っただろう」

といった叱責や注意が中心になり、あとは業務上の指示。営業担当者からすると、叱られるために書いているような感覚になることがあります。

上司にとっては、部下の行動を管理しているつもりになれますが、部下にはまったくメリットが感じられません。いつも見張られている気分になり、叱られないために適当なことを書いてごまかしたりもするのです。

内容を重視せず件数を集計するような運用をしていれば、社外で行う営業活動は本人にしか分からないことが多いので、いくらでも嘘が書けてしまいます。これでは営業の業務改善にはまったく役に立ちません。

このような行動管理日報は、やがて、悪循環を引き起こします。

営業担当者は、適当に脚色を加え、叱られない内容を日報に記載します。

提出を受けた上司は、自分が営業担当者だった頃の経験から「どうせ嘘を書いている」と思い、真剣に読む気になれません。部下は、適当に書いても叱られもしないし、そもそもちゃんと読んでいないことを察するようになり、ますます嘘やごまかしが増えていきます。

図表26：行動管理日報の悪循環

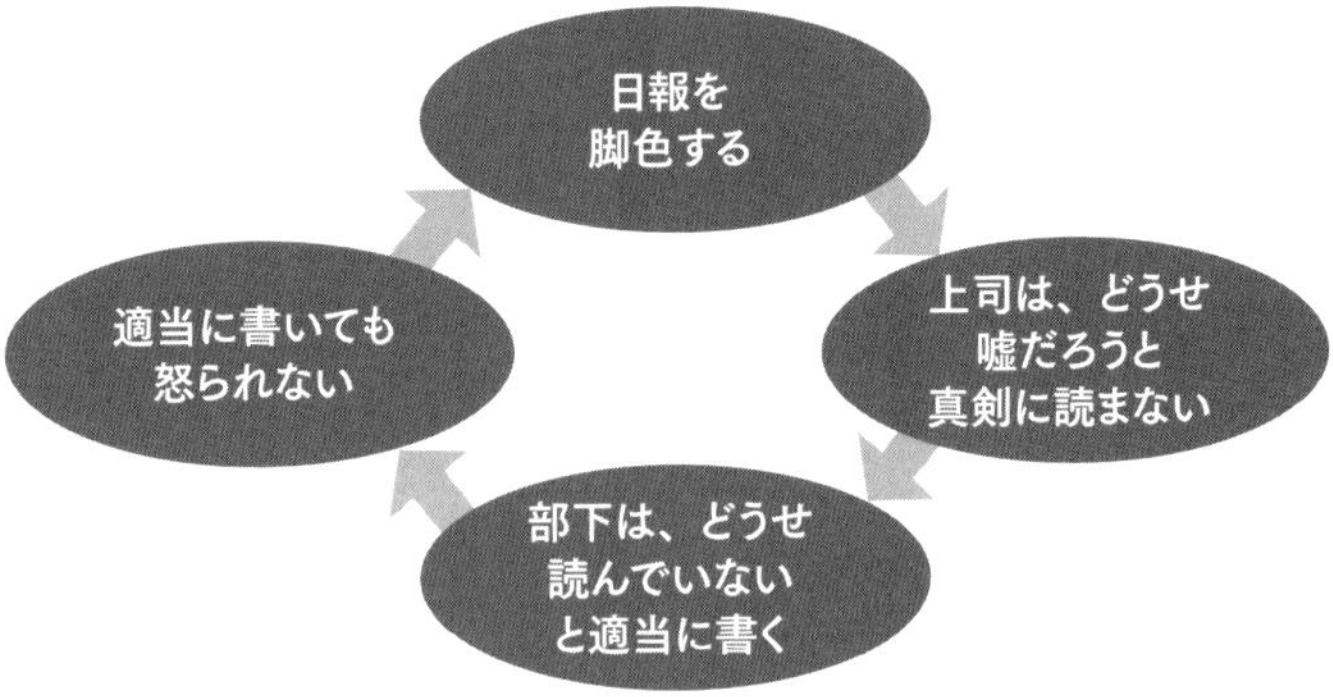
日報を
脚色する
上司は、どうせ
嘘だろうと
真剣に読まない
部下は、どうせ
読んでいない
と適当に書く
適当に書いても
怒られない

日報を行動管理に使おうとすると
嘘やごまかしが入ってしまう！

このような悪循環のまま、仕組みだけを紙からデジタルに置き換えたとしても、まったく意味がありません。**情報を貯めるのが営業ＤＸの肝ですが、嘘や間違った情報をいくら貯めても財産にはなりません。**

〈**第二段階：連絡書**〉

前線で働く営業担当者と上司、双方向のコミュニケーションを目的としたものです。**指導育成日報**と言っても良いでしょう。

特徴は、**上司のコメントが毎日必ず入ること**です。指導コメントにプラスして相手の存在を認める激励やねぎらい、感謝のコメントが主な内容です。

現場の情報がその日のうちに上司や経営者に

伝わり、それに対して「ご苦労さん」「大変だったね」といったねぎらいが本人に戻されます。

コメントで反応があるので、営業担当者も日報を書く甲斐があります。

現場の状況や営業担当者本人の考えが把握できることで、上司のコメントも的を射たものになり、**社内コミュニケーション量が増えて、組織が活性化**します。これは、人間の体にたとえるなら神経網が整備できたということです。

戦略実行の最前線である営業現場の情報がその日のうちに上司や経営陣に伝わり、それに対するフィードバックが次の日には本人に戻される仕組みになるわけです。

ここでデジタルを活用して運用スピードを上げる意味が出てきます。

行動管理的に事後報告の日報運用をしていると、一週間まとめて提出するといったことに陥りやすいのですが、この神経の流れが遅いと良くないので、スピーディーに、デイリーにやり取りしなければなりません。

デジタルの力を借りてスピードアップさせることで、日報が会社の神経網となって働き始めるのです。

〈第三段階：計画書〉

日報の成長過程としては、この第三段階が重要です。計画書ですから、「次にどうするか」「今後どう進めていくか」など未来のことを記入します。それに対して**上司は行動する前にアドバイスすることができます。**

個々の商談において、その日の内容ももちろん記録するわけですが、それで次回はどうするのかという計画も必ず書くようにします。

次にどうするのかを書こうと思えば、当然、その日の相手の反応や商談で引っ掛かった点などについても書いておかないと意味が通じません。

これによって、日報が、営業担当者が何をやったかを書くものから、顧客がどうだったのか、顧客が何と言ったのか、顧客の考えは何なのかを書くものに変わるわけです。

営業担当者が何をしたかという行動記録は、1年後2年後に読み返したときには、何の価値もありません。しかし、**顧客の情報や反応は数年後に過去からの経緯を見返すことで、顧客の考え・事情・判断基準をつかむことができます。**だからこそ、情報がデジタル化され、ダムに貯められていくことに意味があるわけです。

同時に、次回予定や次にどういうアクションを起こすのかが把握できると、上司は具体的なアドバイスがしやすくなり、短期的な成果にもつながる運用ができるようになります。

たとえば、「次回は競合商品との比較表をお持ちしようと思います」と書いてあったとすると、「だったら、○○さんの事例も一緒に紹介した方がいいな」とか「そうするのであれば、競合比較の前に、ちゃんと座標軸を作る話をしておくように」といったアドバイスをすることができます。

営業の経験がある人は分かると思いますが、個々の顧客、個々の商談は千差万別で、定型的なアドバイスは役に立たないことが多いのです。

しかし、**現場で実際に顧客と会って話をした本人が次の一手を考えてアクションを起こそうとしていることが分かれば、上司は経験知によって、「だったら……こうしてみては」「そう進めたいのであれば……あれを忘れるな」といった一歩踏み込んだ**

アドバイスが可能になるのです。

これを実現するのが、**計画書日報であり、成果につながり顧客を生むものであることから「顧客創造日報」**と私は呼んでいます。

〈第四段階：情報共有〉

ここで意味する共有は、**営業部署を超えた他部署との共有**のことを指します。

たとえば、顧客からの商品に対するクレームや使い勝手などに関する反応は、仕入れ部門や商品開発・製造部門の人たちにとっても貴重な情報です。

しかし、これまでは、部署単位で情報がクローズドになっていることが多かったのが実状です。

なぜなら、営業部門の日報を他部署が見て意見を言えるようになると、「こんな売り方しているから、せっかくの良い商品が売れないんだ」「もっとこういうふうに提案すればいいのに」などといった指摘をされることがあるからです。

営業部門にとっては煩わしいばかりなので、「だったら見せたくない」「勝手に見るな！」と情報を出したがらなくなるのです。

けれども、実際には、戦略実行の最前線である営業現場には、部署を超えて共有すべき情報がたくさんあります。**組織内の日報が全社に公開されることで、各社員がその情報を活用し、自身の疑似体験量を飛躍的に増加させることができます。**それは、組織全体に相乗効果を及ぼし、企業を大きく成長させてくれるでしょう。

また、属人的だった知識を社内共有することもできます。**日報は社内のナレッジ・データベースとなり、業務上の知恵やノウハウが時間と場所を超えて共有されます。**

さらに、顧客の声を営業部門以外にも「見せる化」することで、全社営業体制の基盤を作ることもできます。

情報共有が、行動管理のためではなく戦略実行のためであることを全社員が正しく認識しなければなりません。

ＳＦＡは経営を可視化するツールだという発想が必要です。

〈第五段階：先行支援〉

先行支援ツールとしての日報、これが目指すべきゴールです。まさにセールスフォースアシスタントとしての機能を持ちます。

第四段階までで、顧客情報、案件などの見込み情報、過去からの商談履歴情報、営業担当者の行動予定情報などが蓄積可能です。

第五段階では、それらの情報を学習し、ヌケモレが生じていないか、そろそろアクションを起こすべき顧客や案件などはないか、次に為すべきアクションは何かといったことを、先行支援として自律的に示してくれます。

「そろそろ、Ｂ社に訪問した方がいい」
「今日の訪問先では過去のクレーム情報がありますから、確認しておきましょう」
「前回はこういう理由で失注しているから、こういう提案をしてみたらどうでしょう」

「来週、Ｃ社の創立記念日です。お祝いの連絡を入れてみたらどうでしょう」

営業担当者一人ひとりにＡＩ秘書がつくイメージでアドバイスを得ることができます。貯まった情報をもとに営業サポートをしてくれるので、ごく普通の営業能力でも、普通に頑張っていれば、それなりの結果が出せるようになります。

営業サポートの側面が強くなった第五段階での日報は、上司のためでもなく組織のためでもなく、営業担当者本人、自分自身のためのものとなります。そうなれば、誰もが積極的に正しい情報を入力しようという気持ちになるはずです。

「顧客を見える化」する営業支援ツール

ＳＦＡによって、どの程度の情報が見える化できるのか例を挙げておきます。

重要なのは、営業担当者の行動チェックではなく、「顧客の見える化」なのだとい

図表27：カスタマーシートで顧客を見える化

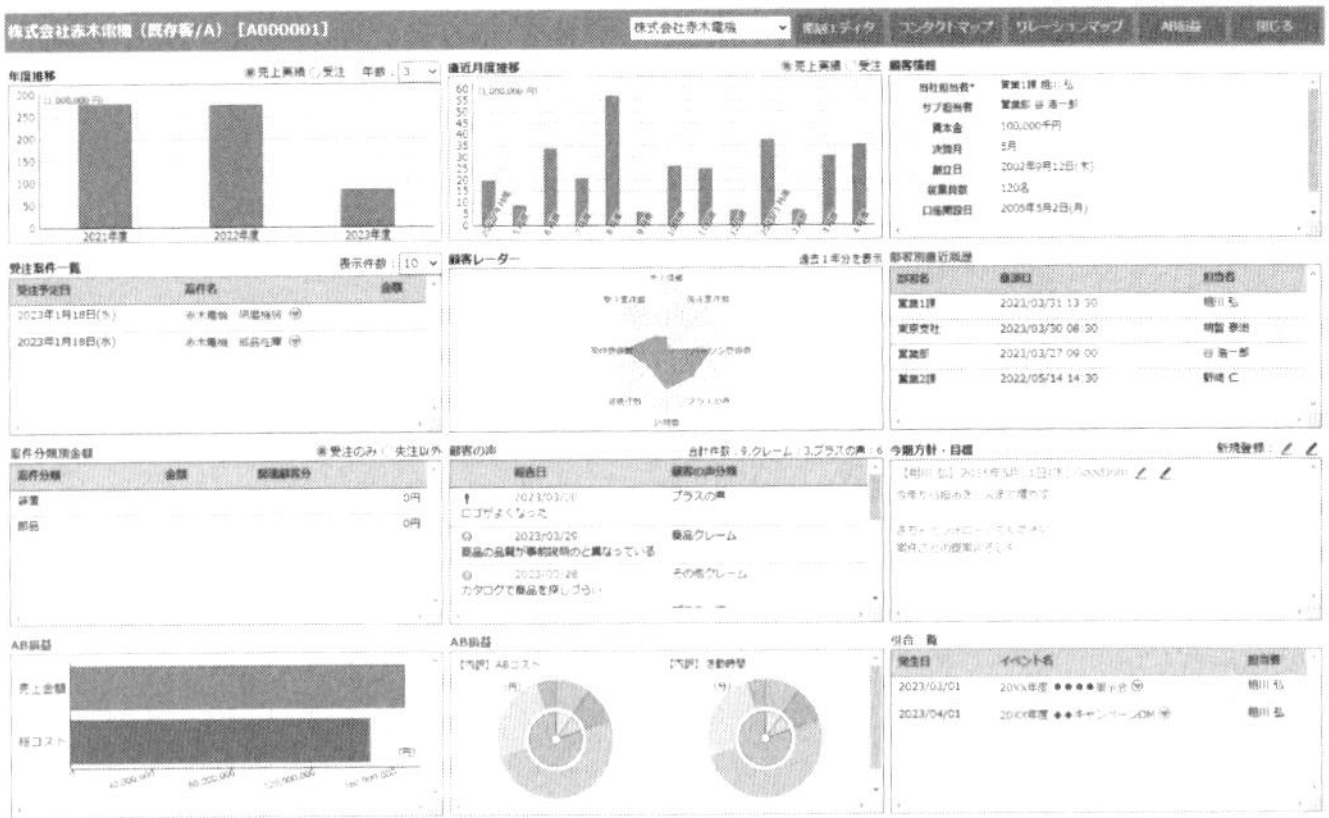

うことです。

〈カスタマーシート〉

顧客企業ごとの情報が「カスタマーシート」にまとめられます。

顧客情報、売上の年度別推移、直近の月度の推移、受注案件一覧、商談履歴、これまでに受けたクレームや評価の声など、あらかじめ設定しておいたカテゴリーごとに表やグラフで見やすく整理されて一覧できるようになっています。

訪問前にこれを読み込んでおけば、建設的な商談が進められます。

図表28：コンタクトマップで顧客とのアプローチ状況を見える化

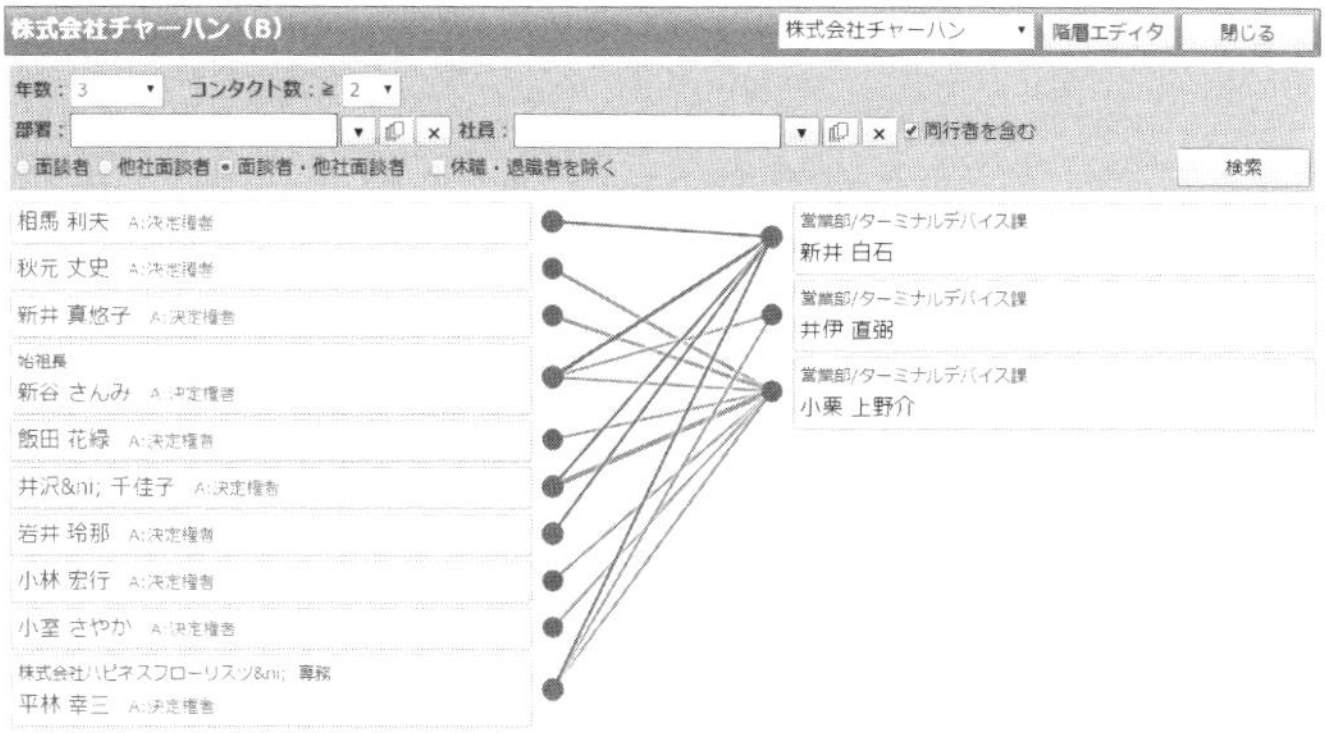

〈コンタクトマップ〉

顧客とのアプローチ状況が一覧できるコンタクトマップも作成できます。

図表28は、左側が顧客の担当者で、右側が自社の担当者です。誰と誰がこれまでに面識があるのか一目瞭然です。退職者はグレーアウトされる設定になっています。線をダブルクリックするとこれまでの商談履歴のページに飛ぶことが可能です

上司が同行して挨拶をするときなどには、これまでのように必死に古い名刺を探したりしなくても、以前に会った人の名前をすぐに確認することができます。

図表29：リレーションマップで顧客との関係性を見える化

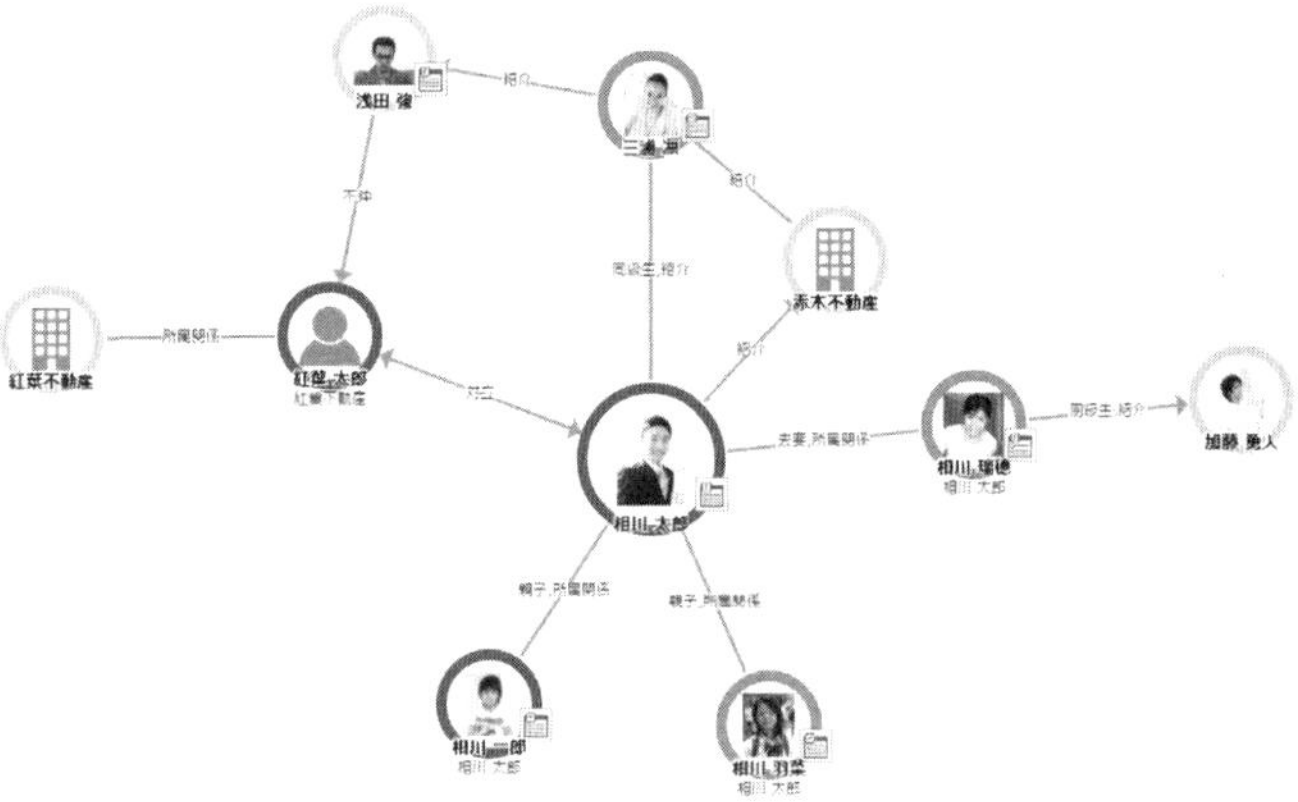

前回からどれほど時間が経っていても、そのときにどんな話をしたのかが、しっかり記録に残っています。

いつでもこのようなデータにアクセスできる状態になると、自分が日々入力している情報が「点」から「線」につながっていることが実感できます。

〈リレーションマップ〉

顧客と顧客の関係性を見える化することもできます。

顧客と顧客を紐づけて追いかけていくためのツールです。出身校が同じ、親子・兄弟姉妹や親族である、出身地が同じ、ライバル関係にあ

図表30：スキマ分析

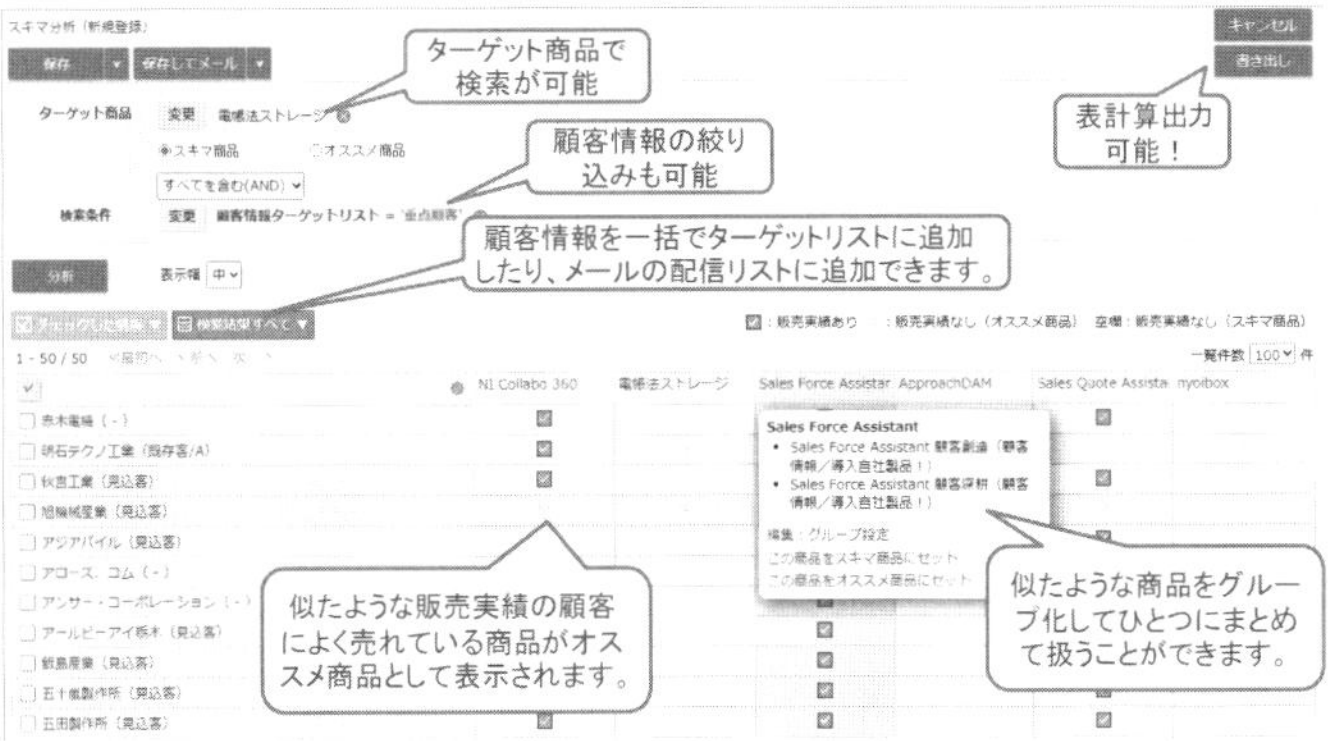

る……など、判明した情報をその都度入力すれば、情報が貯まるにつれてリレーションマップも拡大されていきます。

〈スキマ分析〉

顧客への営業活動の助けになる情報として、「スキマ」の存在を教えてくれます。

商品Ａは導入されているけれど、商品Ｃも勧めてみたらどうかといった提案をＡＩがしてくれます。

この商品を買っている人は、別の商品も買う可能性が高いなどといったことも過去のデータから教えてくれます。

どういう商品を提案すればいいのかに迷うこ

図表31：案件スコアリング

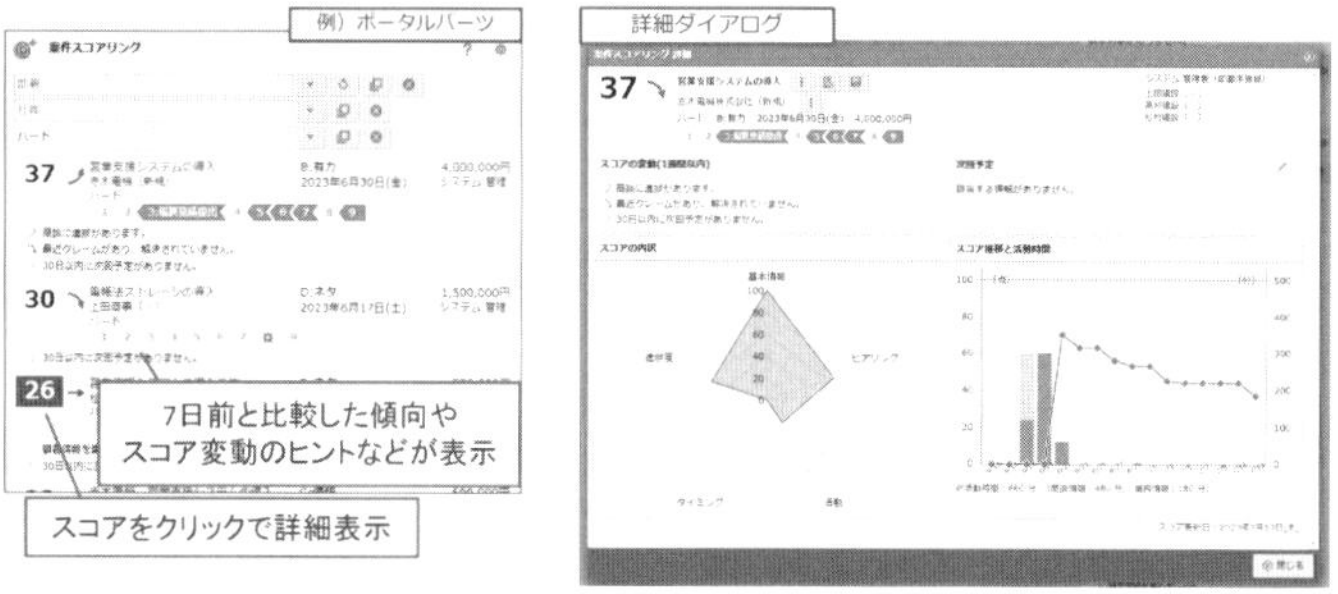

とがなくなります。

〈案件スコアリング〉

自分が担当している案件の「受注可能性」がスコアで示されます。

タイミング良くメールを送ったり商談のアポイントを入れて説明に伺ったりするなど、的確な行動を積み重ねることでスコアは上がっていきます。反対に、前回の訪問から時間が空いてしまったり、やるべきことができていなかったりするとスコアは下がります。

スコアをクリックすると、どのような取り組みがなされてきたのか一目で分かるだけでなく、案

図表32：ヌケモレ・遅れがあったらイエローカード

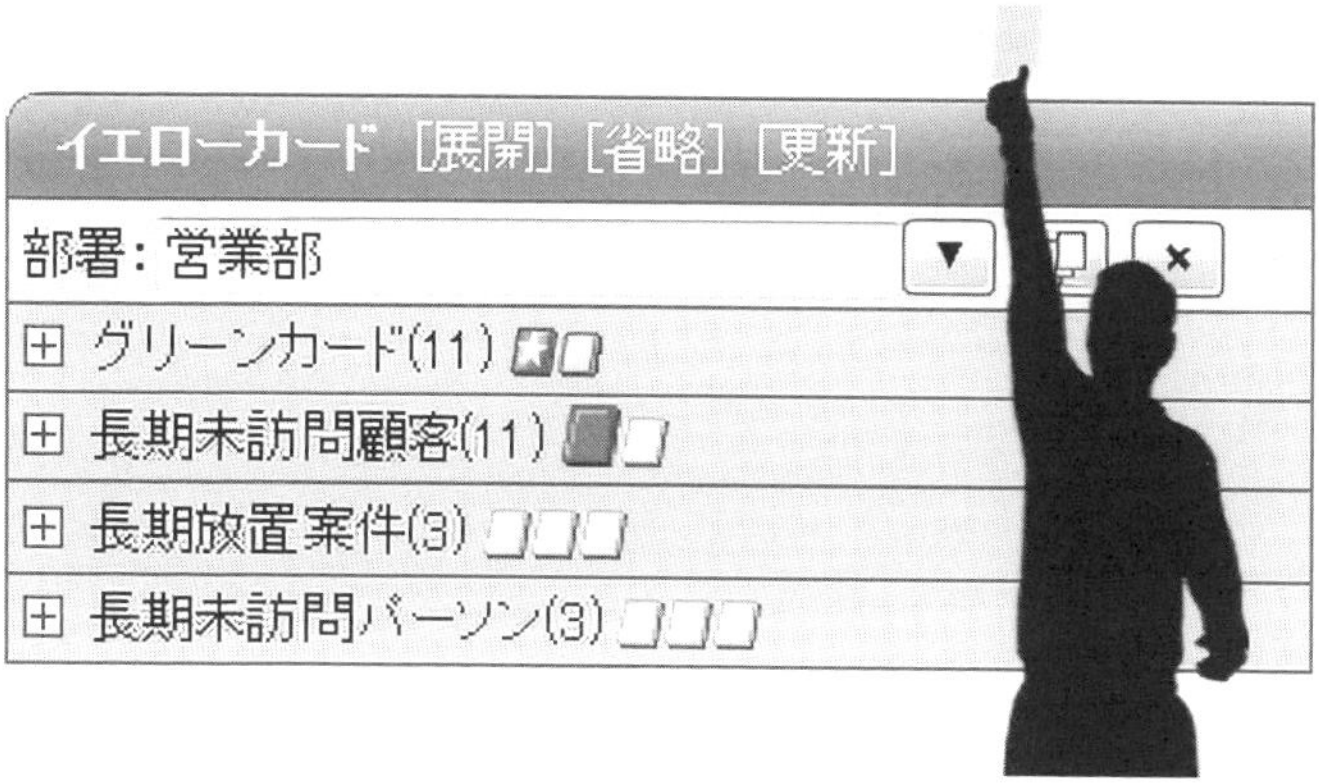

件のスコアを上げるためにどうすればいいのかを教えてもくれます。

前回に比べてスコアが減点されている場合はその原因も明確に示されます。

〈イエローカード〉

やるべきことができていないと、イエローカードが画面に表示されます。

どういう条件でイエローカードが出されるかをあらかじめ設定しておきます。

たとえば、Ａランクの顧客には月に一回のアプローチをすると決めていた場合、前回から30日間何も行動がなければイエローカードが表示されます。

図表33:先行管理表で受注や売上の先行管理データが自動生成

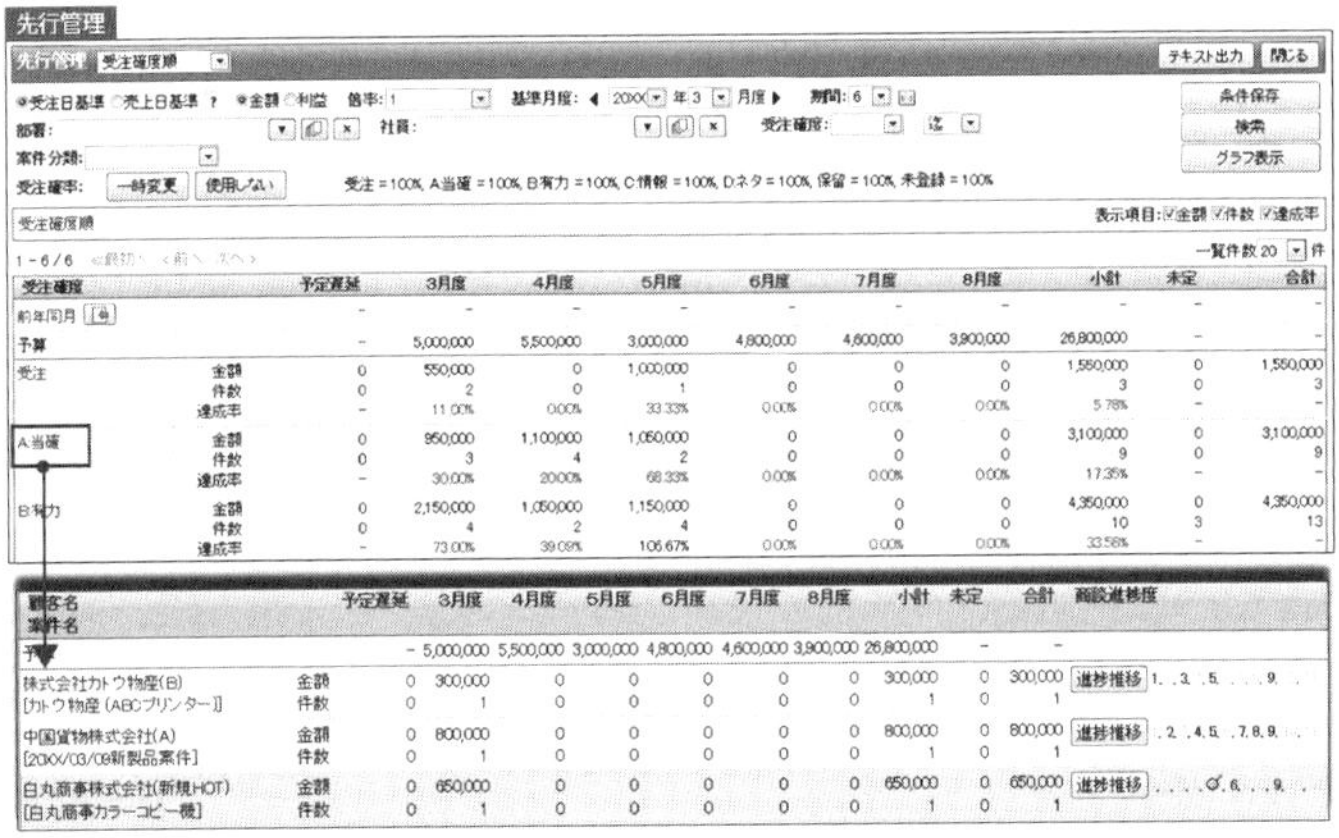

また、連絡ミスや送付ミスなど、ヌケモレがあった場合にもイエローカードで教えてくれます。

〈先行管理表〉

受注予定、売上予定額を一覧で管理できます。売上目標に対して、現時点でどのくらい積みあがっているかが分かります。

商談開始から受注に至るまでにはある程度の時間がかかります。

受注管理には、その商談スパンを見込んでおく必要があるのですが、この先行管理表があれば、どのタイミングで商談を開始すべきかが分かります。

図表34：プロット＆サーチ

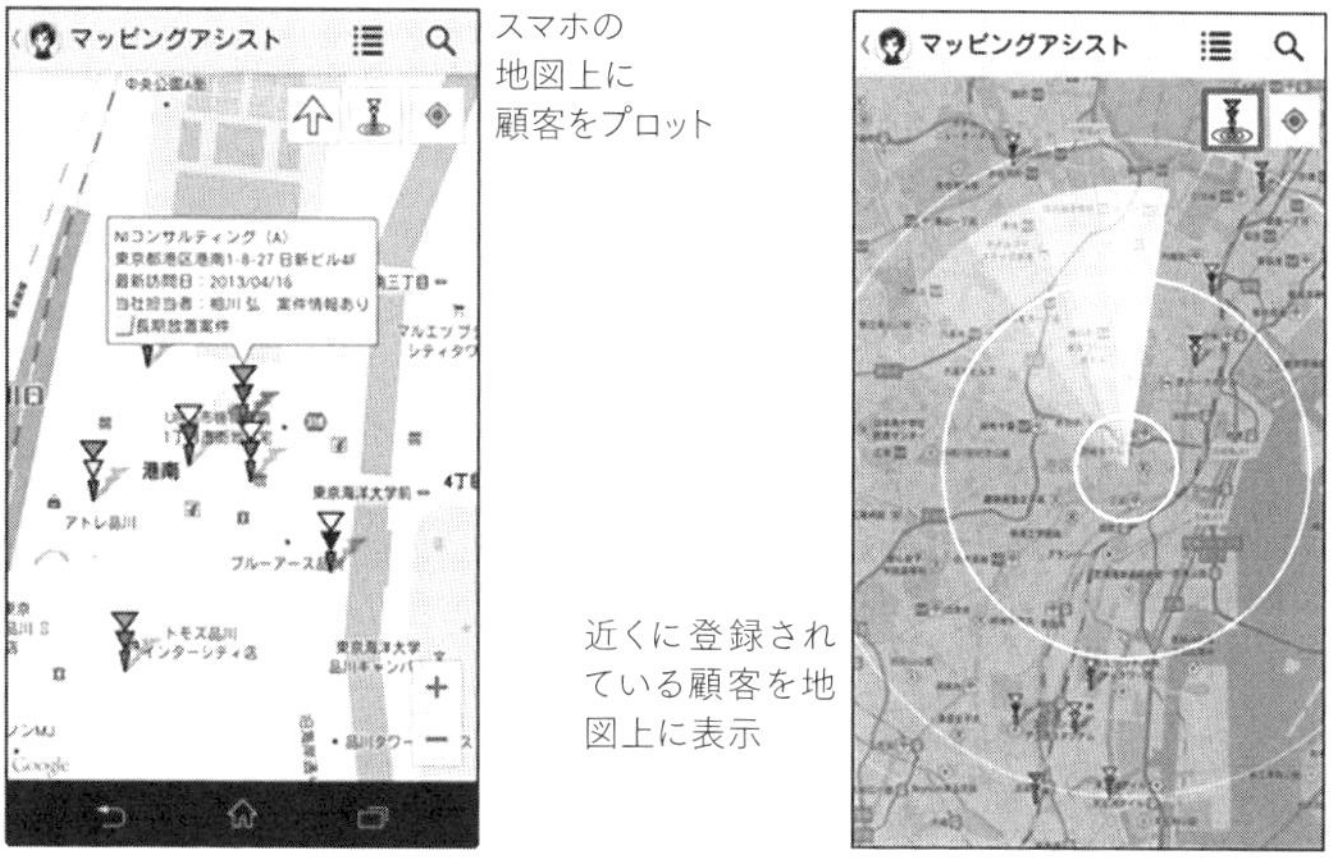

スマホの
地図上に
顧客をプロット

近くに登録されている顧客を地図上に表示

〈プロット＆サーチ〉

スマホの地図上に、顧客のデータを表示させることができます。

周辺顧客サーチという機能を使えば、現在地の近くに顧客がいるかどうか地図上に表示することができ、「ついで訪問」が可能です。

指でなぞってエリアを指定して、そのエリア内にいる顧客を表示することも可能です。

〈サクセスアシスト〉

現在抱えている案件に類似する過去の案件を探し出して、類似度が高い案件から順に表示し

図表35：類似する案件を見つけて類似度が高い企業から表示するサクセスアシスト

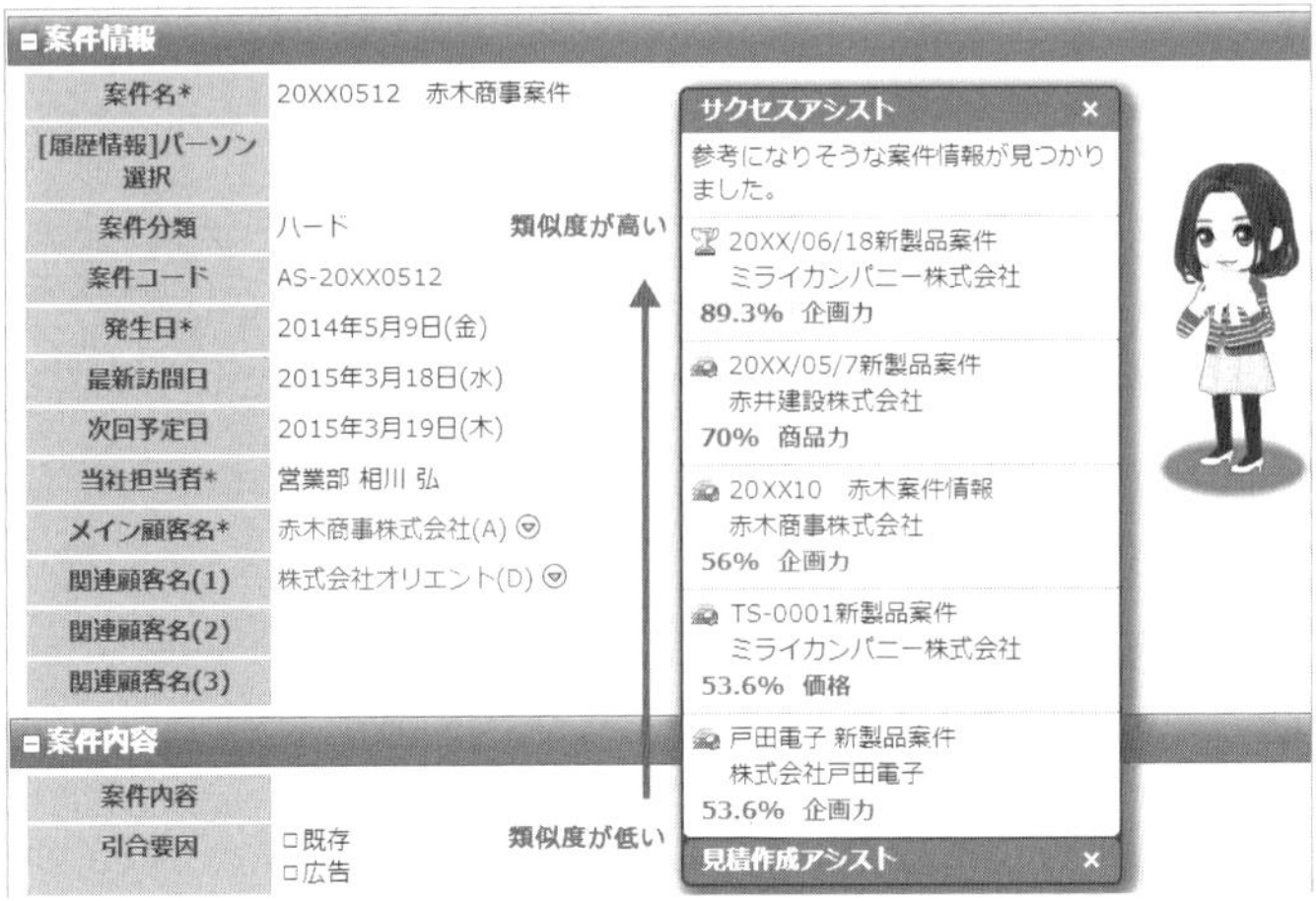

ます。

類似案件は、今後の商談の進め方の参考になりますが、データが社内に共有されていなかった頃は、個人的に先輩や上司、同僚に教えてもらうなどの手間や時間をかけなければ知ることができませんでした。

SFAがあれば、そして、各営業担当者が日々きちんと正しい情報を入力する手間を惜しまなければ、データは貯まっていき、いずれこのような使い方が可能になります。

図表36：日程調整も簡単。ミーティングアレンジ

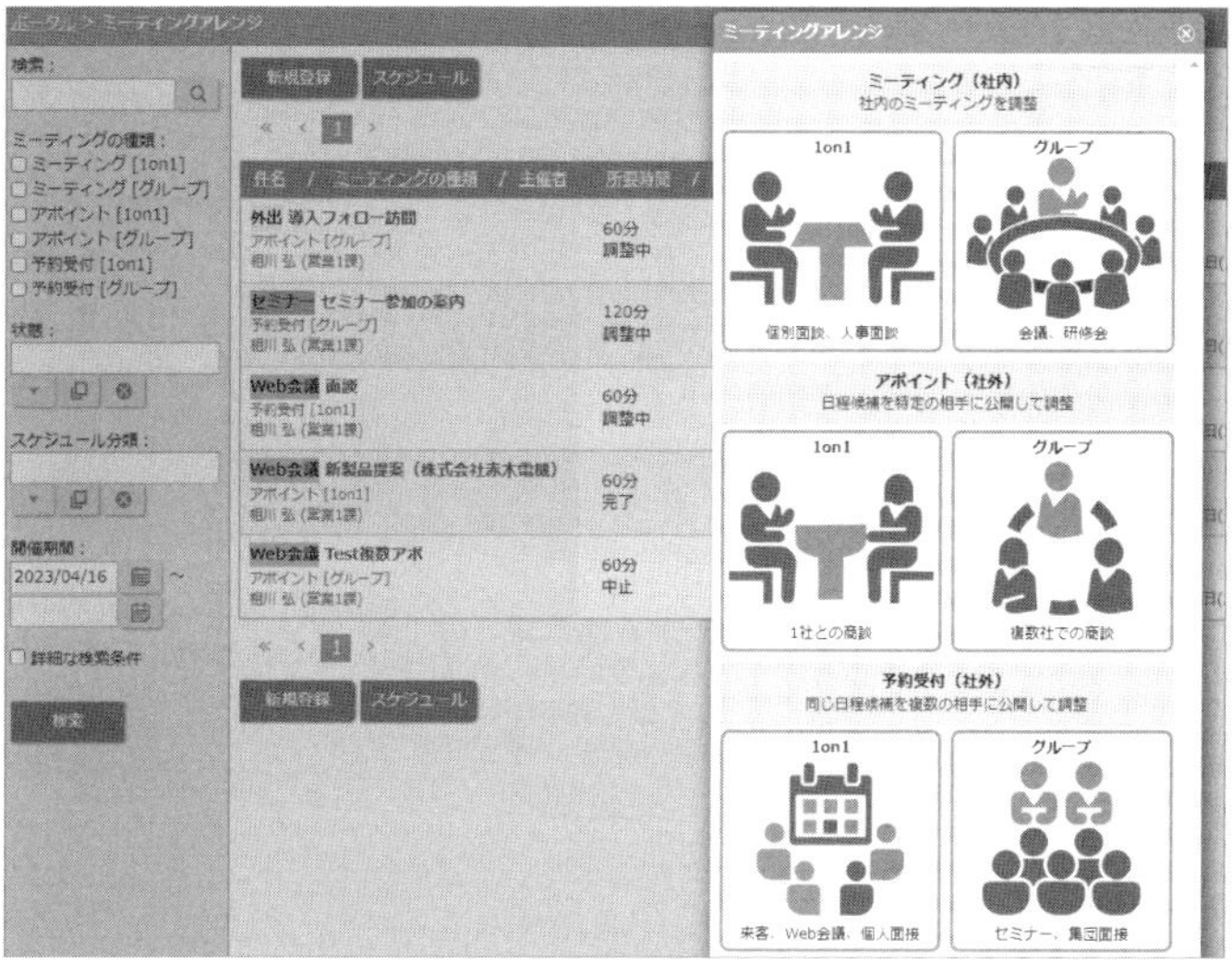

〈ミーティングアレンジ〉

意外に便利なのがこの機能です。日程調整もデジタル化で簡単かつストレスなく行えます。

社内の打ち合わせ、社外の方とのアポイントメント、会議やセミナー、面談など、種類・規模によって調整できます。

公開範囲や期限などを設定してミーティングの呼びかけや日程調整、参加状況の管理をすることが可能です。

〈ボトルネックの解消〉

営業活動におけるボトルネックを発見し、解消のためのアドバイスを示してく

図表37：ボトルネックを解消するための提案

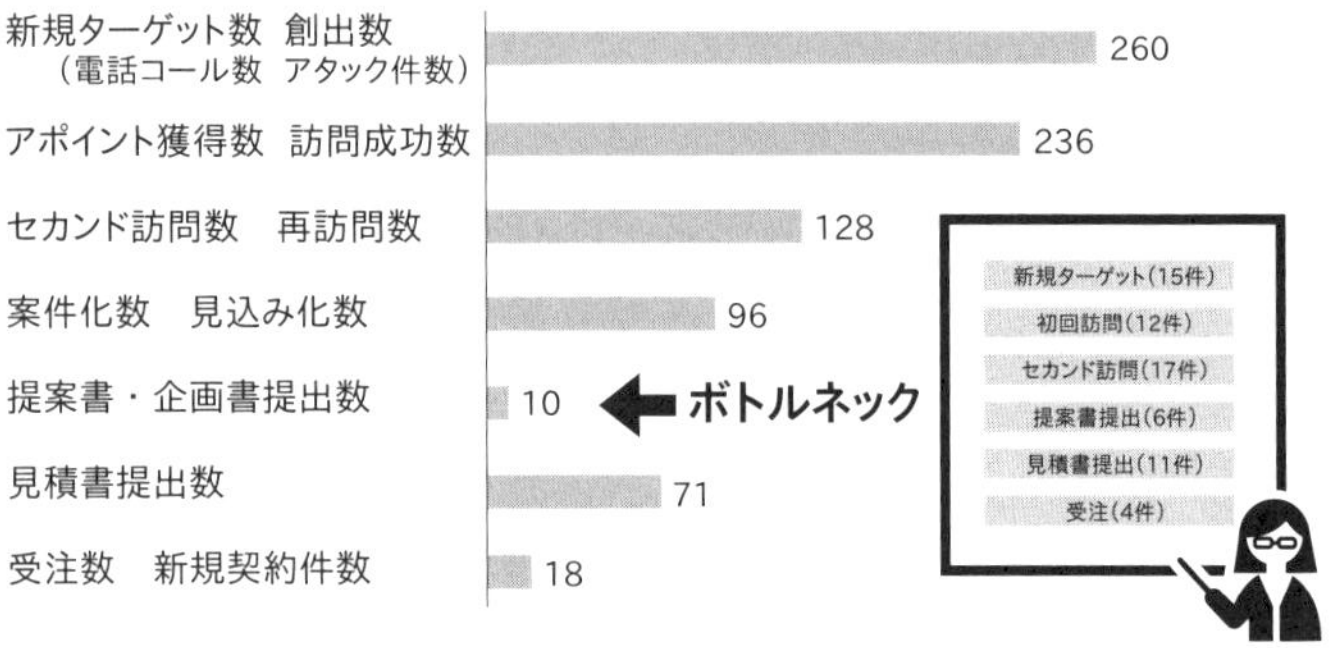

せっかく頑張ってもボトルネックを改善しないと無駄になる

れます。

営業プロセスは多岐にわたるため、どうしても活動内容にばらつきが出てしまいます。

また、営業担当者個々の得意や苦手によって業務に支障が発生することがあります。

どんなに頑張っているつもりでも、ボトルネックを改善しないとなかなか結果につながりません。自分ではどこで引っかかってしまっているのか気づけないものですが、ＳＦＡがあれば明確になります。

モチベーションを持続させるゲーミフィケーション

ここまで説明してきたように、ＳＦＡによる営業支援によって、ごく普通の営業担当者が日々迷うことなく自信を持って営業活動に臨める状況を作ることが可能です。

ところが、ごく普通の営業担当者は、状況が整ったとしても、モチベーションを失うことがあります。それを防ぐための仕組みもデジタルで整えることができます。

ＳＦＡにはゲーミフィケーション（ゲーム化）という機能も用意されています。

ゲーミフィケーションとは、本来はゲームではないことにもゲームの要素を持ち込むことで意欲の向上を図ることを言います。

ゲーミフィケーションには４つの成立条件があります。

①何をすべきかが明確になっている

目標・課題・アクションの明確化

《

②自分が今どこにいるのかが可視化されている

現在地・現状の可視化・ランキング・ポイント・レベルの見える化

《

③アクションに対して即時フィードバックがある

即時のフィードバック（他者からの承認・賞賛など）による自己効力感

《

④ゴールするか目標を達成すると、報酬がもらえる

達成感、および達成に対する報酬の魅力

報酬は金銭に限らず、モノでも心的報酬でも構わない

ゲーミフィケーションがいかに人のモチベーションを上げるかは、ボウリングを例に考えると分かりやすいと思います。

ボウリングは世代を問わず人気のアクティビティですが、冷静に考えると、「非常に重いボールを持って」「それを投げて転がして、静止している10本のピンを倒す」だけの単純な作業を、１ゲームに十数回繰り返すという遊びです。

しかし、前記の４つのゲーミフィケーションの条件が内在しているので、ピン倒しゲームにここまで熱中できるのです。

４つのゲーミフィケーションの条件に当てはめます。ボールを転がしてピンを倒すという「何をすべきか」は明確なので、①はクリアしています。

②の「現在地の可視化」も、スコアがあるからこそ、他人との差も分かり、次へのモチベーションにつながります。

③の「即時フィードバック」も、歓声が上がったり、ハイタッチなどで喜びを共有したりしてくれるからこそ「次も頑張るぞ！」という気持ちになれるのです。ストライクを出したときに、誰もが知らん顔だったら、まったく盛り上がりません。

④の「報酬がもらえる」も、アマチュアのボウリング大会で金銭的な報酬を得られることはあまりないでしょうが、表彰されたり、何かしらの景品をもらえたりするこ

とはあります。少なくとも、「おめでとう」「すごいスコアだね」などとほめてはもらえるはずです。これがまた、次へのモチベーションとなります。

仕事も同じように考えるといいでしょう。毎日やるべきことは、単調でつまらないことかもしれませんが、４つの条件を満たすことができれば、モチベーションを保ち続けることが可能です。

ＳＦＡには、目標達成率を同僚たちと競うゲーム機能がある場合もあります。

アナログ時代は、壁に目標達成率のグラフなどを貼って営業担当者たちを競わせたものですが、**今は、デジタルの力でもっと楽しく見せることができます。**ライバルを意識することで自然にやる気が出るという人も多いでしょう。

ＡＩが秘書になる時代

ここまで見てきたように、生身の人間には到底処理し切れない量のデータを、ＳＦＡは整理して分かりやすい形で提示することができます。

ＡＩ秘書の名にふさわしく、こちらから働きかけなくても、自主的に様々な情報を教えてくれます。

「クレームが入っていますが、対応は済んでいますか？」

「前回の訪問以降に訪問先のホームページが変更になっているので、確認してください」

「今日は、A社の社長の誕生日です」

「C社は来週の月曜日が創立記念日で、50周年ですよ」

といった情報リマインドから、

「受注予定日が近くて商談内容もポジティブなのに受注確度が低いままになっている案件がありますよ」と営業担当者に教えてくれたり、

「部下の○○さんが抱えている大型案件、商談内容がネガティブのままです。アドバイスが必要では？」と上司に助言を促したりするようなこともできます。**自動的に過**

去のデータを読み込んで教えてくれるのです。

今後、チャットＧＰＴに代表される生成ＡＩの活用が、営業分野でも進むことが予測されます。メール文を考えたり、メールの返信のたたき台を自動的に作ったりすることは簡単にできるようになっていくでしょう。

また、ＳＦＡに何年分もデータが蓄積されると、すべてを見返そうとかなりの時間がかかりますが、それをＡＩに読み込ませて要約させることも可能です。

学習のさせ方に技術は必要ですが、顧客ごとや案件ごとに「次の一手」を考えさせたり、改善点や問題点を抽出させたうえで、それに対するアドバイスを出させたりすることもできるようになっていくと思います。

ただし、生成ＡＩはまだ発展途上です。現時点では、精度の不安や著作権の問題、情報漏洩の可能性などいくつかの課題が指摘されています。

そして、これが最も大事な点ですが、**ＡＩが簡単に使えるようになるということは、どの会社も同じようにＡＩを活用するようになるということ**です。ＡＩを使いこなすだけでは、他社との差別化はできません。あくまでもデジタル推進の最低ラインを上げるものだと考えておくべきです。

結果管理から先〝考〟管理にシフトせよ

ＳＦＡによってできることを挙げてきましたが、**最終的にＳＦＡで実現したいことは「先考管理」**です。

いまだに多くの会社が「行動管理」から始まり、「結果管理」「業績管理」などの過去に焦点を当てたマネジメントにとどまっています。

これらに対して、「先考管理」とは、戦略や計画の立案など、未来についてのマネジメントです。デジタルの力を借りて先手を打つことで大変な効果を発揮します。

先考管理をするためには、図表38のＴＡＲＰサイクルを回すことが重要です。

ＴはThinking（思考）、ＡはActions（行動）、ＲはResults（行動の結果）、Ｐは

図表38：ＴＡＲＰサイクル

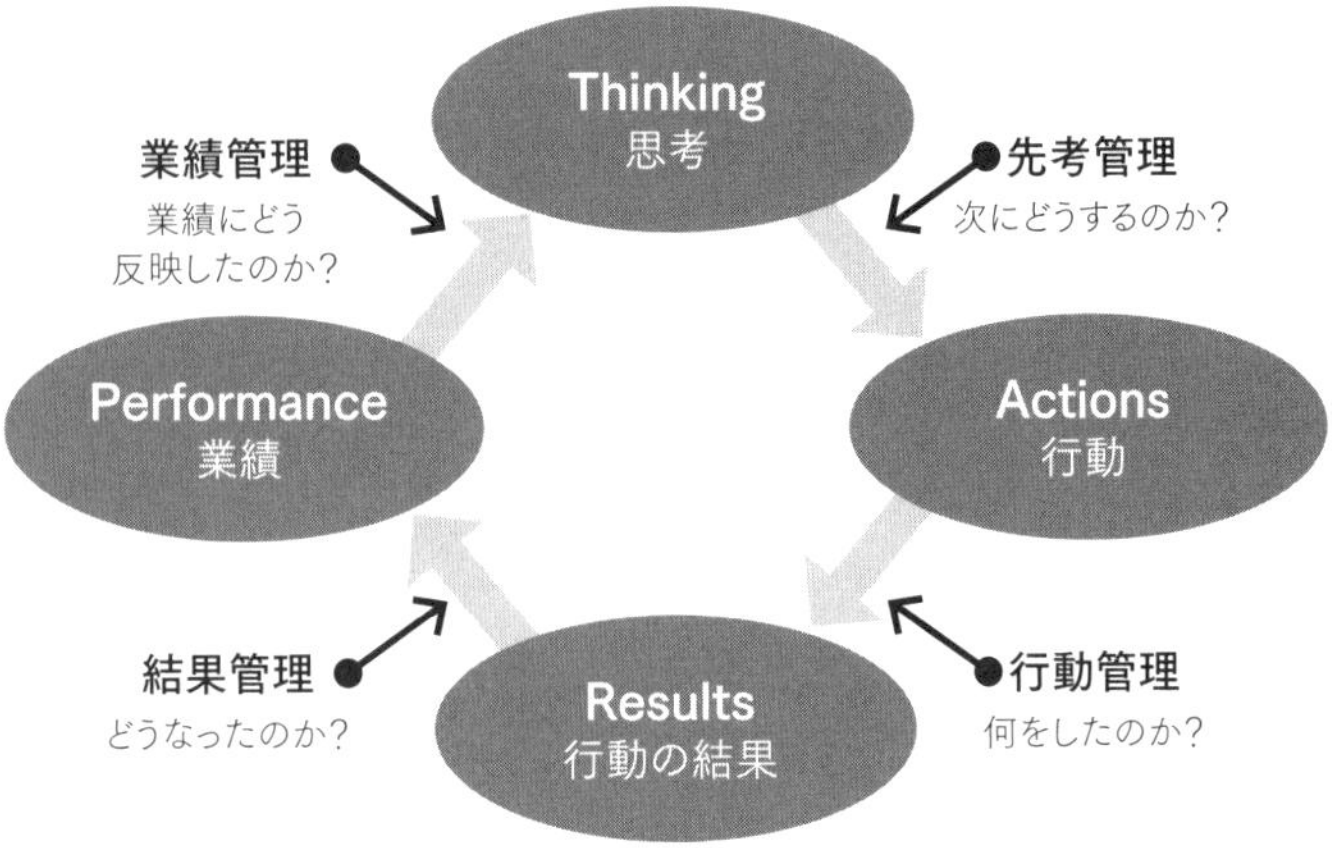

Performance（業績）です。

それぞれに対して4つの管理視点「次にどうするのか」「何をしたのか」「どうなったのか」「業績にどう反映したのか」を入れてマネジメントします。

私はマネジメントにおいて、**結果を振り返るフィードバックよりも未来に向けて部下と戦略を立てるフィードフォワードを重要視**しています。**特に未来志向の「T（Thinking）＝思考」が大切**です。日報の成長過程で言えば、第三段階の計画書、次回どうするかを考えることに相当します。

過去にとらわれず未来について考えることが重要で、未来の行動をより良く変えることができれば、必ず業績にも反映されていきます。

6

第6章

「営業」を起点に経理DXを実現

「知らない」では済まされない電子帳簿保存法

本章では営業を起点に経理DXにつながる見積管理・請求回収の部分について説明します。

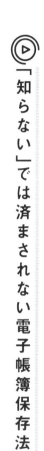

商談を進めていくと、当然、見積書の作成が必要になります。この見積書の作成も営業DXの重要な部分であり、経理業務にデータをつなげる役割も担っています。

営業担当者が個別に作成するエクセル見積もりではなく、クラウド上で共有して、いつでもどこでも作成、承認、発行できる見積書作成システムを利用することが不可欠です。

SFAでは概算で扱われていた案件金額や商品価格を、見積書作成システムと連携させることで1円単位まで確定させることができるようになります。

この確定したデータを販売管理システムの受注登録・会計システムに流して、請求書発行まで連携させることで、再入力や転記の手間をなくし、処理スピードを上げる

図表39：見積管理・請求回収

わけです。

データ連携上の必要性だけでなく、見積書は、2023年12月末で宥恕《ゆうじょ》措置が終了し、電子保存が義務化された電子帳簿保存法（電帳法）の対象の一つです。

見積書は、経理部門が把握していないことが多いので、電帳法への対応で後回しになっているケースが少なくないのですが、現状、多くの会社で、メールで送受信（すなわち電子取引）される回数が最も多いのではないでしょうか。

一度で決まらないことも多く、一件の商談で複数の見積書を提出することもあります。領収書や請求書の数よりも多くなることがあるでしょう。経理部門でまとめて処理するのではなく、各営業担当者が勝手にやり取りすることが多いのでその管理が大変なのです。

営業担当者が紙に出力して顧客に持参するのであれば、そのコピーを保管しておけばいいのですが、メールでやり取りした場合には電帳法に基づき、経理部門はすべてを電子データで保存しなければなりません。

そのため、営業担当者は見積書を顧客に送るたびに、同じデータを経理部門にも提出する必要が出てきます。

このような運用がうまくいくとは思えません。見積書の作成はエクセル見積もりによる属人管理から卒業し、**見積書作成システムで一元管理して、電帳法にも対応すべきです。**

エクセル見積もり10の問題点

そもそも、電帳法が施行されなくても、見積書は一元管理すべきであると考えていますが、現在でも、見積書の作成や管理をエクセルで行っている会社がまだまだ多いようです。「特に問題なく今まで使ってきたから問題ない」と考えている経営者や経理担当者もいますが、少なくとも10の問題点があることを指摘しておきます。

①属人管理の罠

担当者が勝手に作成し、自分のＰＣで保存していると、本人以外には見積書の存在すら分かりません。不在時はもちろん、退職した場合にもきちんと引き継がれなければ行方不明となってしまい、会社として責任を持った顧客対応ができなくなります。

②手間ひま（労力・時間）のダブりによる無駄

同じ会社で同じ商品を扱っているので、それぞれの営業担当者が作る見積書も似たものになるはずです。個人のケアレスミスをなくし、また、時間や手間を短縮するためにも「使い回し」「再利用」したいところですが、個人管理していると情報が共有されず、他の人が作った見積書を参考にしたり再利用したりすることができません。

③担当者の独断やケアレスミスが見過ごされる

担当者が勝手に書式を変えたり、間違ったまま提出したりしてトラブルになるリスクがあります。会社として定型のフォーマットがあっても、エクセルで作成したものは簡単に書式変更ができます。

便利ではありますが、定型を崩し、我流の見積書が横行することになりかねません。上司のチェックや承認もなく見積書が提出されれば、間違いも発見できず、トラブルの種になる恐れもあります。

④情報漏洩のリスク

エクセルでの作成管理は、担当者のPCに保存されるものなので、もしもそのPCを移動中に紛失したりすると重大な情報漏洩につながります。あってはならないことですが、つい魔が差して競合企業に見積もりデータを見せたとしても、誰にも分かりません。本来、徹底した管理が必要な情報ですが、それが個人に任されているというリスクがあります。

⑤顧客対応が迅速にできない

作成も管理も担当者に属人化しているので、担当者の不在時にバックオフィスのスタッフに依頼して修正したり再発行、再送付してもらったりすることができません。結局は担当者本人がすべての対応を引き受けざるを得ず、そのため対応が遅れたり、送付漏れが起こったりすると業務に支障をきたします。

⑥ミスが生じやすい

同じ商品であっても、顧客ごとに値入率や掛け率が違うことはよくあります。エクセルで見積書を個人管理させると、その数字や条件が徹底できずミスが生じやすくなります。また、同じ顧客の別拠点や別部署にバラバラの条件の見積書を提出するようなことも起こり、顧客クレームを引き起こすことも少なくありません。

⑦管理が煩雑となり手間がかかる

バラバラに管理されると、見積管理番号を付与できなくなるので、後々の管理が煩雑となり余計な手間がかかります。見積書は、作成して客先に提出して終わりではありません。受注時のチェックや条件確認などに必要となるため、営業部だけでなく経理部門など他部署にも影響を与えます。

そのため、本来は見積書が発行された時点で管理番号などのコードが割り振られ、組織的に管理しやすいように整理されるべきですが、個人がエクセルで作成した場合には通し番号がつけられません。

⑧上司の承認印や会社の角印がないと発行できない

移動時間を有効活用するために、外出中でも見積書の作成や発行、客先送付が必要なことがあります。エクセルでの作成管理では上司の承認印など押印ができず、一度、会社に戻って見積書を発行する必要があります。これではリモートワークや直行直帰も難しく、「働き方改革」も進まないでしょう。

⑨データ連携ができない

見積書のデータは、受注処理、発注処理などにも必要です。処理時にデータ転送で連携できると入力の手間が減り、ミスが生じることもありません。エクセルでの作成管理だと、データの連携が不可能です。二度手間、三度手間が発生するか、あるいは、別途高額な連携のためのツールを導入する必要が生じてしまいます。

⑩営業見込みへのフィードバックができない

見積書の作成や客先への提出は、営業プロセス管理、商談進捗管理の重要なトピックスです。見積書の内容は、営業見込み管理にも転用し、ＳＦＡなどのツールにもデータ連携すべきですが、エクセルで作っている場合は再度入力したり、コピー＆ペーストしたりする手間が発生してしまいます。ＩＴを使いながらも作業はアナログのままというおかしな事態になりかねません。

これでもまだ、エクセルのままで見積書を発行するべきと考える人はおそらくいないでしょう。

見積書のＤＸは一刻も早く着手すべき優先事項です。

いつでもどこでも作成・承認・提出・保管

見積書作成システムを使えば、マスター情報と連携させることで、商品を選ぶと同時に単価が自動的に入力されるようになります。

さらに、「AとBはセット商品です」「Bは年内で終売予定ですが、納品は間に合いますか」といった注意事項が画面上に表示されるので、チェック漏れによるミスがなくなります。

AI機能を導入すると、もっと便利になります。**過去の見積書をAIが学習し、「AとBを見積で選択したら、次にCを見積に入れるはずだ」といった予測をすることで、見積書作成時に商品選択の候補が自動的に挙がってきます。**

このようにAIで学習しながら、見積書作成のアシスト機能を持った見積書作成システムのことをSQA（Sales Quote Assistant）と呼びます。

見積書はパターンがそれほど多くないので、比較的少ないデータでも精度の高い予測が可能です。

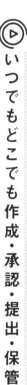

外出時にタブレットやスマホで作成できるのも優れた点です。事前に設定されている候補の中から選べるので、キーボードで文字や数字を打つ必要がありません。手間が省けて、スピードも速く、ミスも起こりません。

システム上で上司の承認を取れば、移動中に顧客に見積書を送付することも可能です。

見積書が何度かやり取りされた後に受注が確定します。このとき、最終の見積もりデータがそのまま受注データになります。それを受注データとして処理のうえ、納品先の情報、納品の時期などを追記して、基幹システムに連携させます。

この業務フローを確立できれば、打ち直しの手間も不要、ミスもなくなり、生産性が上がります。

営業ＤＸが目指す「省人化」の実現にもつながります。

請求書発行も営業DXの対象

見積もりデータが受注データとなり、販売管理システムに入ると、次のステップは請求書の発行です。

「代金を回収するまでが営業」などとも言われますが、**請求書の配信は営業担当者が受け持つべき業務**だと考えておくべきです。

そしてもちろん、DXですから請求書も、WEB配信できるようにします。

その仕組みはノーコードで作ることができます。顧客ごとに専用のページを作っておけば、過去の請求書などもいつでも見られるようになります。

請求書のメール添付での送付は、セキュリティ上非常に不安が大きく、できれば避けた方がいいでしょう。

メールは間違って送付という単純ミスもありますし、何らかのエラーで届かない、あるいは、情報が盗み取られてしまう危険もないとは言えません。IDとパスワードで管理されたサイトでのやり取りをお勧めします。

請求書がＷＥＢ配信できるようになれば、テレワークの後押しにもなります。なぜなら、テレワークを阻害する最も大きな原因の一つが会社に郵送で届く請求書等の書類の処理だからです。

郵送するためにも出社が必要ですし、ポストに届く郵便物を確かめるために、定期的に出社しなければなりません。

そういう手間がなくなれば、経理部門のテレワークも一気に進みます。**請求書をＷＥＢ配信にすることは、自社の効率を上げるだけではなく、顧客側のテレワークの支援にもなる**のです。

コストダウン効果が出るのも嬉しいことの一つです。少なく見積もっても、請求書を郵便で送るコストは人件費を除いて一通当たり１００円程度かかります。これは、切手代、封筒代、プリント代の概算合計です。毎月３００件程度の請求書発行があるとすると、３万円の経費が掛かります。さらに今後、郵便料金の引き上げが予定されているので、ますますコストが高まります。

一方、ＷＥＢ配信の場合は、同様に３００件で試算すると、一通当たりの経費は約45円と半減します。この削減できたコストを、見積書のデジタル化の費用に充てればコストアップせずにデジタル化を推進することができます。

数年前までは、いくらＷＥＢ配信の仕組みを整えても、顧客によっては紙の請求書が必要という企業もありました。

しかし、テレワークが普及したことや、電帳法やインボイス制度が始まったこともあり、今ではすべてをＷＥＢ上で処理したいという企業も増えています。

また、**デジタル化することで請求業務についてのデータが貯まっていくので、分析結果を見ること**ができるようになります。

たとえば、図表40のように請求書発行の件数の推移をグラフで見ることができます。

グラフを見れば、請求書発行の件数が落ち込んだ時期などがすぐに分かります。理

図表40：請求書もDXで可視化

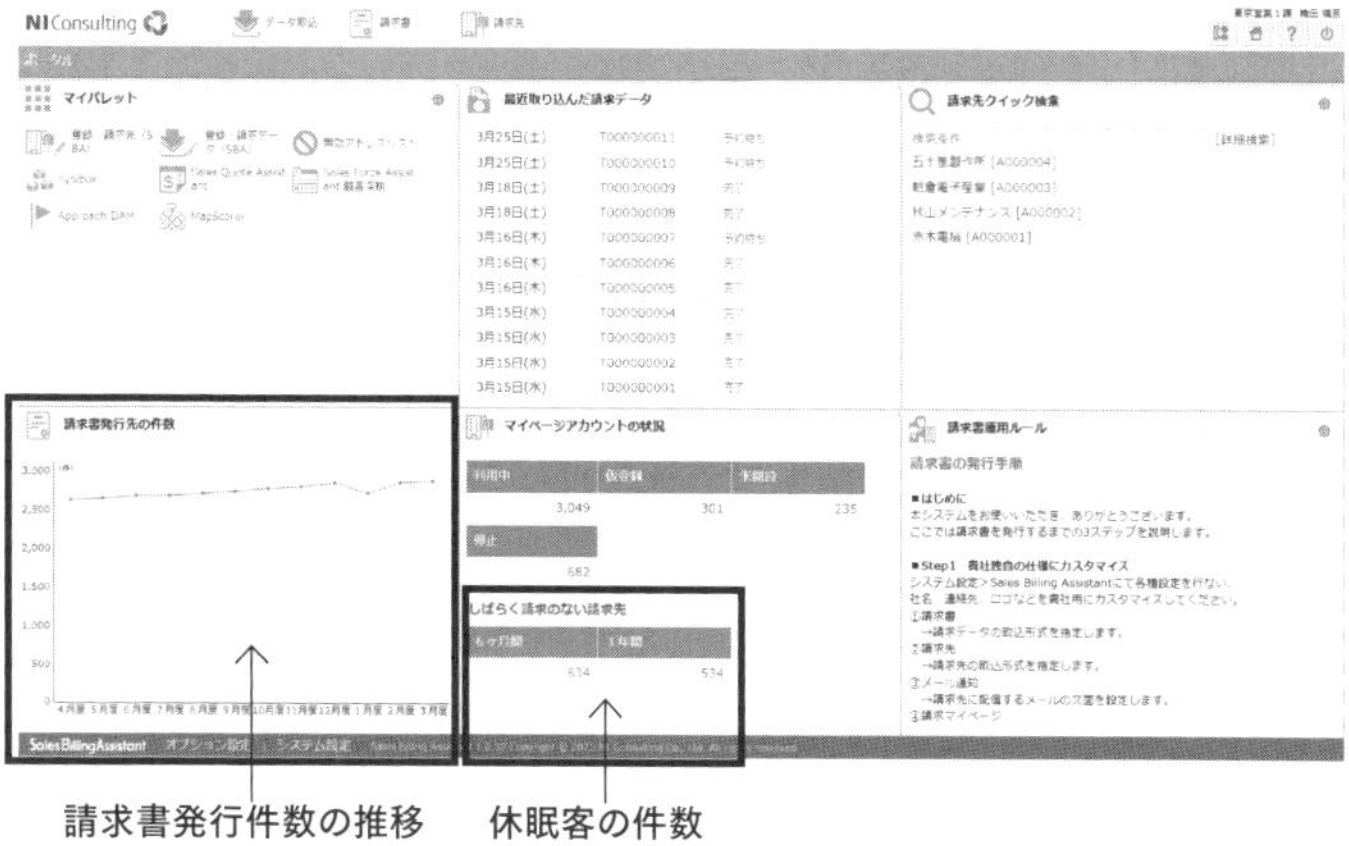

由を明らかにすれば、今後の対策をとることができます。

しばらく請求書の発行がない「休眠客」の件数も簡単に見える化されます。

このように営業活動の補助や支援もできる請求書配信の仕組みを、ＳＢＡ（Sales Billing Assistant）と呼びます。

顧客データの見える化から始まった営業ＤＸは経理部門をも巻き込むことが可能なのです。

7

第7章

販売・契約後もサポートし商品力を高める

顧客固定度を上げるCSA

商品を販売・契約した後は、図表41の最後の段階、継続的なアフターフォローが必要になります。売上増の無限ループを作り出すには、売って終わりにしてはいけません。

私はこの販売後のアフターフォローによって、顧客を他社に逃がさず継続的に売上を生み続けることを「**顧客固定度を上げる**」と言っています。

ですが、手間や時間をかけても、すぐには次の売上になりにくい、成果を上げにくいという問題が生じます。だから、営業担当者はついついアフターフォローをおろそかにして売りっぱなし、契約しっぱなしにしてしまうわけです。

顧客固定度を上げるためには、CSA（Customer Support Automation：カスタマーサポートオートメーション）という仕組みが必要です。

CSAとはデジタルの力を活用し、販売・リピートや紹介を促進し、解約や他社へ

図表41：アフターフォロー

の切り替えを防止するための仕組みです。

顧客固定度を上げる方法として、図表42の流れが一般的です。

注文が入ったらサンキューメールを配信、2週間後に「ちゃんと使えていますか」といったフォローメールを送り、3カ月後に「ご満足いただけていますか」とフォローします。

個別にフォローしていては大変なので、まとめてフォローイベントを開いたりすることもあります。満足度調査を行って、不満を抱えている顧客をピックアップすることも有効です。

放置したり、休眠状態になったりした場合には、SFAで警告を出して、営業担当者に気づきを与えることもあります。

図表42：Customer Support Automationで顧客固定度を上げる

アフターフォローにITを活用することで限界費用を増やさずに長期的にLTVを高める

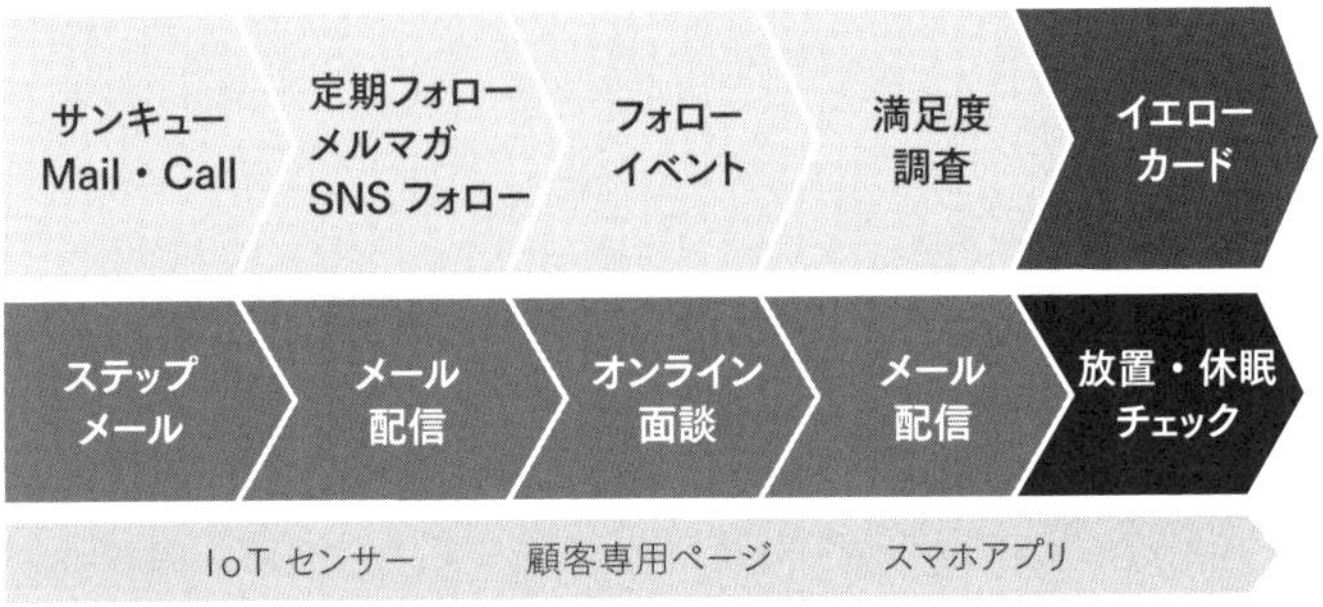

こうしたことは、特別なシステムを導入しなくても、メール配信ツールを活用することで実現可能です。

最近ではCustomer Success（顧客成功）という用語が、既存客へのアフターフォローに使われるようになりました。

元々は外資系のIT企業が、クラウドサービスの販売でサブスクリプション（月額課金／サブスク）のような課金方法をとる場合に使う用語です。初期契約時に受け取る売上が小さく、短期間で解約されると回収ができないため、顧客をサポートして契約を長期化させようという意図がありました。

かつて、CS（Customer Satisfaction＝顧客

満足）という言葉が流行したことを覚えている人も多いでしょう。自社と契約し、自社の商品やサービスを利用してくれている顧客が「成功」したり「満足」したりすることを目指すのは当然のことです。

ここで大切なことは、**顧客の成功や顧客の満足を追求する際に、デジタル活用によって自動化・省人化して、営業担当者やサポート担当者が手間ひまをかけなくても顧客とのつながりを維持し、顧客固定度を上げる体制を整える**ことです。

顧客との関係性を維持する仕掛け

メールやSNSなどを活用すれば簡単に取り組めるCSAですが、デジタルツールの進化によって、さらに踏み込んだこともできるようになっています。デジタルを活用して顧客との関係性を維持している例をいくつか紹介します。

〈マイページ〉

オーソドックスな方法が「マイページ」という名前で知られる顧客専用ページです。クレジットカードの使用履歴確認やチケット購入サイトなどで利用している人も多いでしょう。

マイページをノーコードで作るためのITツールは各社から出ています。

顧客は専用のIDとパスワードによりログインすることで、これまでの購入履歴などを含む自分自身の情報を確認することができます。

また、ページ上で顧客とのコミュニケーションも可能です。マイページを作ってもアクセスしてもらえないと意味がないので、何らかの仕掛けが必要です。

個人客の場合には、クーポンを出したりしてログインを促すようなこともやりやすいのですが、法人客の場合には、別のやり方が必要でしょう。

たとえば請求書の発行と連携させて請求額をマイページで確認してもらうようにして、そこに販促企画や情報を載せるようにすれば、月に一度は必ずアクセスしてもらえます。

〈スマホアプリ〉

顧客と常につながるためには、スマホアプリは強力なツールです。一度アプリをインストールしてもらえれば、使用するたびに顧客の情報が読み取れます。

デジタル人材がいない中小企業では、スマホアプリを作るとなるとハードルが高く感じるかもしれませんが、ノーコードでスマホアプリを作れるＩＴツールがいくつかあります。

基本的な項目を設定するだけで、いろいろな機能が実現できます。アプリを作るなんて難しそうだと思い込まず、一度調べてみると良いでしょう。

アプリの完成度や独自性を追求したい場合は、最初は自社で、ノーコードツールでアプリを作り、使い勝手や中身についても試行錯誤したうえで、実際に顧客に使ってもらって改善点などを明確にしてから、外部の専門業者に開発を依頼しましょう。

仕様が固まっているので工数が減らせますし、見積もりについての予算的な判断もつけやすくなります。まずはノーコードで自社でのアプリ作成から始めて、最終的に外部への開発依頼という順で段階的に進めることをお勧めします。

〈IoT・LPWAの活用〉

ＩｏＴ（Internet of Things：インターネットオブシングス）とは、モノがインターネットに接続され、情報のやり取りがネットを通じてできることです。

スマホアプリは、顧客の通信デバイス（スマホのこと）を利用して、このＩｏＴ状態を作り出すことができるので、とても助かります。

しかし、取り扱い商品によっては、顧客のスマホが利用できない、機械や倉庫など人以外のモノにセンサーをつけてデータを取りたいといった必要性が出てきます。

最近では多くの自動車メーカーがコネクティッドサービスを提供しています。単価が高くて、サービス利用料ももらえるうえ、自社で作り込めるメーカーであれば、携帯電話キャリアの電波を利用することも可能です。しかし、普通の中小企業にはそこまでのコストはかけられません。

そこで検討したいのが、**LPWA（Low Power Wide Area）と呼ばれる、その名の通り省電力かつ長距離での無線通信が可能という特長を持った通信技術**です。一般の携帯電話の通信費などとはケタ違いに低予算で利用できます。

日本だけでなく世界的にもメジャーなのがSigfoxという通信規格で、国内では京セラコミュニケーションシステム株式会社が取り扱っています。

たとえば、マッチ箱程度の大きさのセンサーを顧客の倉庫などに設置し、あらかじめ設定した条件（温度が上がった、電気がついた、揺れた、など）が生じたときに電波が飛んでくるように設定するといったことができます。

詳細な情報の伝達は難しいのですが、何時何分にどこの場所の電気がついた、という単純な情報が分かるようになります。

また、家庭向けのものでは「家族の見守り」センサーとして応用されています。

高齢で一人暮らしの親のトイレの扉にセンサーをつけておくと、ドアの開閉のたびに電波が飛びます。「〇時間以上電波が飛ばないときにはアラートを出す」といった設定をしておくことで、何事かが起こった際に危険を察知できるといったものです。

ローパワーという名前にふさわしく、電源がないところでも、電池だけで2年間程度は使えるので、工夫次第でいろいろな仕掛けを作ることができます。

LPWAは多くの自治体で、ガス検針に使われています。かつては、定期的に検針員が一軒一軒訪ねて、どのくらい使ったかをチェックしていました。この検針を自動化するのに一役買っているのがガスメーターに取り付けたLPWAの装置です。

自動的に検針を行いサーバーに転送することで、人が訪問しなくてもいい仕組みを実現しています。

「普通の人」が売れる仕組みを作る

本書で一貫して伝えたいことは、**普通の人が普通に取り組んだら成果が出る仕組みを営業DXによって実現すること**です。

けれども、世の中にはまだまだ「営業は人間力」神話があります。売れる営業担当者は「やっぱり人間力があるからね」とほめられます。売れない営業担当者は「もっと人間力を磨け！」と責められることがあります。

そもそも、人間力とはいったい何なのでしょうか。そう問われて、ずばりこうだと答えられる上司は少ないでしょう。

ただし、人間力を作っているものを分解してみるといくつかの要素は見えてきます。マナーがしっかりしている、挨拶がしっかりできる、気配りができる、おもてなしが上手、熱意がある、誠心誠意が感じられる、だから信用できる。それらを総合して「あの人は人間力が高い」という評価になっているようです。

営業に適した人間力の高い人を何人も採用できるならそれでいいでしょう。けれども、そもそも中小企業は「人材が不足している」「いい人を採用できない」という悩みを抱えています。

個性もあり能力もバラバラな社員たちに「人間力」を育てるように求めるよりも、**デジタルで人間力を支える方向にシフトする方が効果的**です。

デジタルで常に顧客とつながっている状態を維持できれば、顧客情報をタイムリーに把握し、デジタルツールが顧客への細やかな対応を促してくれます。

「問い合わせ窓口に、使用方法についての質問が入りました」という情報が部門を超えて営業担当者にも伝えられれば、電話やメールでフォローすることができます。

顧客が何かしらの課題を抱えているときに、タイムリーに「お問い合わせいただだいたみたいですが、お困りごとはもう解決しましたか」「必要であれば私がサポートいたします」という連絡を入れれば、先方は「熱心な担当者だ！」「誠意がある」と喜んでくれるでしょう。

実際は、通知を受けたら即時対応するという、あらかじめ決めたルールに従っただけです。それでも顧客側が対応に満足していれば、万事ＯＫです。

つまり、**顧客のアラートに即座に対応できる仕組みをデジタルで作れば、しっかりと誠意のある担当者、会社だと思ってもらうことができる**わけです。

しかし、何も考えずにルールに従って対応しているだけでいいと言っているわけではありません。これまでたくさんの社員育成に携わってきた経験から、人間力は環境によって育っていくものだと感じています。

最初はただルールに従った行動だったとしても、それに対して顧客から「君は熱心だね」「とても誠意があるね」と評価され、そういう人であることを期待されることによって、個人の行動変容が起こり、やがて人間力の高い営業担当者に育っていきます。

デジタルの力で理想とする方向に導くことで、一人の営業担当者としての自覚も育っていくのです。

経営者やマネージャーは、「やるべきことができていない」「気が利かない」と精神論で訴えかけるのではなく、自然と人間力が高まる（と評される行動がとれる）仕組みをデジタルで作ることを考えるべきです。

動画配信によるサポート体制強化

顧客のフォローは、顧客と継続的に関係を築くためにはとても大切なことですが、売上には必ずしも直結しません。

なるべく手間やコストをかけずに済ませたいのが本音ではありますが、顧客との関係の継続を望むなら、手を抜くわけにもいきません。

顧客は購入した商品やサービスの使い方が分からなかったり、何かクレームをつけたりしたいときには、既知の営業担当者に連絡をとることが多いものです。

「使い方が分からないから、すぐに教えに来て欲しい」
「エラー表示が出たので、見に来てください」
「設定方法が分かりません」

このような問い合わせが頻繁に入ってきて、そのたびに担当者が駆け付けていると、日常業務に支障が出てしまいます。とはいえ、放置しておくと深刻なクレームにつながったり解約されたりするリスクがあります。

そこで活用したいのが、**顧客向けサポート動画**です。動画サイトを用意すれば、顧客ごとにＩＤとパスワードを発行し、閲覧状況も把握できます。動画の閲覧によって、その顧客の困っている内容が具体的に分かれば、担当者が個別フォローを行うことも可能です。

やみくもにすべての問い合わせに対応するのではなく、動画を見た後でも分からないことだけに絞り込んで対応すれば、作業工数は削減できます。

顧客にとっても、いつでもアクセスできる動画は使い勝手の良いものです。相手が人の場合は、同じ質問を繰り返すのは憚《はばか》られますが、動画であれば理解できるまで何度でも繰り返し視聴することができます。

サポート動画が充実してくれれば、閲覧権を有償で販売することも可能です。月額制にして、サポート費用として課金することも検討してみましょう。

「顧客の声」を全社共有し、商品力をアップ

営業DXは、営業部門の枠を超えて競争優位性を高める取り組みです。そのためには、最前線にいる営業部門が顧客の声に耳を傾け、素早く社内にフィードバックする仕組みを作らなければなりません。

どうすればその目的を実現できるかを具体例と共に紹介します。

弊社が提供している「顧客の声」というシステムです。**顧客からのクレームや要望を営業部門だけでなく全社で共有**します。内容によって、あらかじめどの部署が回答するかのルールを設定しておき、たとえば開発部門が回答した場合、その回答内容も全社で共有します。決してクローズされた状態でやり取りしないことが大切です。

基本的な考え方として、顧客からのクレームや要望にはタイミングはともかく必ず対応します。顧客のクレームや要望は、より良い商品やサービスにしていくための大切な情報です。真摯に応じることで、商品力が上がり、非常に信頼度の高い関係性を

維持することができます。

継続的に企業が業績を上げていくためには、営業力と共に商品力も高める必要があります。営業力と商品力は企業経営の両輪です。

ところが、**「営業を何とかしたい」「営業力を強化したい」と考える企業が、つい後回しにしがちなのが商品力の強化**です。

これは鶏が先か卵が先かという問題で、商品力が飛び抜けて高くて、営業力などなくても売れていく……という状況ではないから、営業力を強化したいと考えるわけです。そこで、「いや、商品力も必要ですよ」と言うと、「商品力があったらこんな苦労はしませんよ」という話に戻っていくのです。

繰り返しますが、営業力も商品力も、両方必要です。顧客を増やし、売上を増やしていくには、両方あった方がいいに決まっています。

「営業DX」では営業力と商品力の両方を高めることが可能です。**営業担当者は売り手の都合で商品を売り込むモノ売りではなく、情報の力で人を動かす諜報担当者です**

から、情報の力で顧客だけでなく社内の仕入れ部門や開発・製造部門などの人たちをも動かしていくことができるはずです。

このとき重要な情報となるのが、**顧客の購入後のフィードバック（顧客の声）**です。

「買ったはいいけど、使い勝手が良くない」
「営業担当者に乗せられて買ったけど、使ってみたらイマイチでがっかり」
「自分にはこの商品は期待はずれだった」

このような声が上がったら、すぐに仕入れ部門や製造部門に伝えて商品開発や改良に活かし、商品力を上げていく仕組みが必要です。

そして、その改善・改良の成果は顧客に対してしっかり伝えて、次の成果につなげます。

改善・改良の成果が顧客に喜ばれ、業績につながれば、仕入れ部門や製造部門も努力のし甲斐があるというものです。これもまた全社共有します。

デジタルで細やかな不満やニーズを解消し、工数削減

顧客と継続的な関係性を作るために、ポイント付与や会員プログラム、クーポンなどの割引販促策を出しすぎたり、過度な顧客対応を是としたりする問題について触れたいと思います。

過度な割引販促策や顧客対応は、ＬＴＶを最大化させるため、という理由で正当化されることがありますが、本当でしょうか？

ＬＴＶという言葉は、その顧客から生涯に得られる売上・利益という、売り手側の言葉であり指標です。しかし、売り手の都合で売り込もうとして、足元を見られていませんか？

顧客が自社の商品やサービスに興味を持って何らかのアクションを起こしてくれる絶妙なタイミングで対応すれば良いのです。必要以上にディスカウントなどをしたり、

頻繁にコンタクトしようとしたり、サービス過剰になる必要はありません。

顧客の声を聞くことは重要ですし、中にはすぐに対応しなければならないようなケースもありますが、そのまま鵜呑みにしないことも大切です。顧客の声は神の声ではありません。

商品やサービスに対する細かい指摘は別にすると、顧客からの要望は結局のところ、「すぐに来い」「売りっぱなしにするな」「安くしろ」の3つに収れんされます。

これらをすべて受け入れていたら、商売が成立しません。真摯に耳を傾けつつも、**「これはやらない」というラインを明確にすることも大切**です。

しかし、常に顧客のことを考え、顧客の状態を把握している、という安心感を与える必要はあります。

そのため、**デジタルで細やかな不満やニーズを拾い、人的工数が発生するものを解決していく**のです。デジタルの力を活用することで、最適なタイミングでの顧客対応が低予算で実現可能なのです。

LTSで重要な心構え

営業DXにおいて大切にしたい考え方は、LTS（Long Term Selling）です。LTVが購入客を対象とし、一度購入した顧客が生涯においてどれだけ買ってくれるか（単価×頻度×期間）を計るものであるのに対して、**LTSは失注客や保留客も含めて、長期間にわたって追いかけて確実に購買につなげる活動のこと**を言います。

もちろん、追いかける対象には購入客も含まれます。

長期間にわたってフォローすることでクロスセル（いつも購入している商品やサービスにプラスして、関連商品やサービスを組み合わせて購入してもらう営業活動）やアップセル（いつも購入している商品やサービスよりもグレードの高いものを購入してもらう営業活動）させていくことができます。その結果としてLTVも大きくなるのです。

短期的な成果を過度に追うのはよくありません。なぜなら、LTSにおいて最も避けたいのは、しつこくし過ぎて嫌がられてしまうことだからです。

失注や解約は、一時的なもので取り返すことができますが、しつこくアプローチしてしまうと、「二度と連絡してくるな」「お前はもう出禁だ」となり、関係性を回復させることができなくなります。

法人客であれば、担当者が変われば、また取引を始めることも期待できますが、個人客の場合は挽回の余地はありません。

デジタルを活用して、低コストでアプローチできるからと相手の状況も顧みずに頻繁にメールやクーポンを送り続けると、うっとうしがられて最悪の結果になりかねません。

ロングタームで営業するときに大切なのは、「**失注した客も解約した客も、必ずいつか自社の商品やサービスに戻ってくると信じること**」です。

なぜなら、自分たちが自社を最も価値の高い商品やサービスを提供する会社にするからです。

自社の商品やサービスが何ら改善も改良もされていないのに、他社に逃げた顧客が戻ってくることなどありません。無理なディスカウントやしつこいアプローチで無理矢理実現したところで、早晩また逃げられることになります。

すぐには無理でも、改善・改良を積み重ね、何年か後、何十年か後には、きっと自社の顧客として戻ってきてくれると信じることが重要です。

失注したり、解約されたりしたら、その決意を伝えておきましょう。「必ず戻ってきていただけるように努力しますので、新製品や商品の改良ができたときにはご案内してもよろしいでしょうか」と許可もとっておくと万全です。

ＬＴＳにはこの決意が必要です。デジタルだけでは営業ＤＸは完結できません。本気で、自社の商品やサービスの改善・改良、新製品・新サービスの開発に取り組みましょう。

顧客はダムに入っているのだから、自分たちのその努力と成果は必ず顧客に伝わります。**「営業ＤＸとは、顧客（マーケット）を起点とする長期間の全社変革運動である」**と言うのはこのことです。

仕入れ・生産をフィードフォワードで制御する

営業DXの、営業部門だけでなく他部門も巻き込む全社変革運動が短期的な成果にもつながることを、フィードフォワードという考え方で説明しましょう。

もともとは制御工学の用語であったフィードフォワードという言葉ですが、今ではビジネス用語として広く使われるようになりました。

対比されることの多いフィードバックが、制御対象の状況を見て対応するのに対して、**フィードフォワードは制御対象そのものではなく影響を与える先行指標を事前にキャッチし、結果を予測して事前に何らかの手を打つこと**です。

フィードフォワードを行うためには、多くの情報が必要です。アナログ時代にはなかなかできなかったことですが、今はデジタル活用によって大量の情報を集め、蓄積し、分析することができます。

図表43：営業情報は仕入れ・生産の先行指標

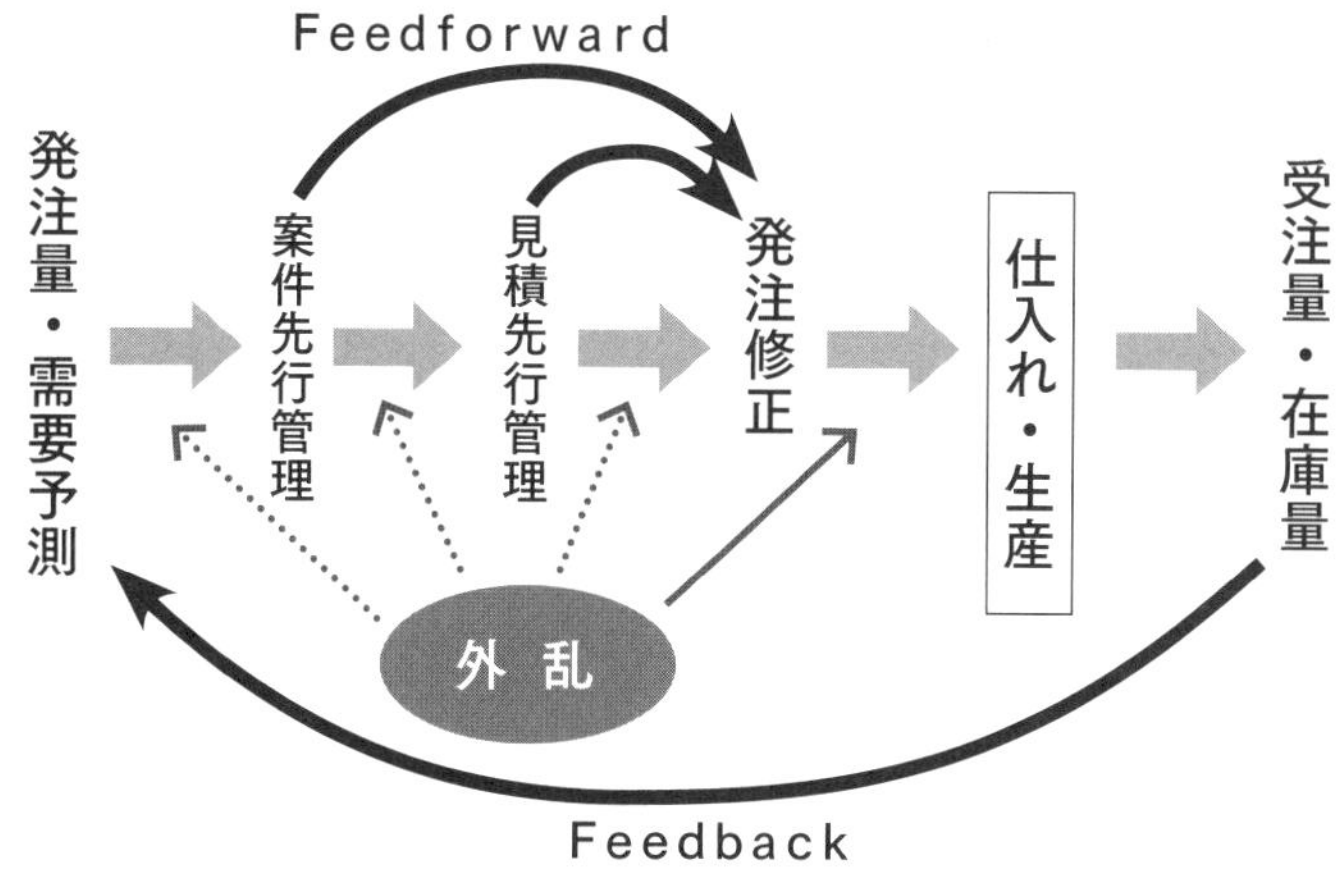

図表43のように、営業情報は仕入れや生産の先行指標となります。

注文を取ってから、必要な量を仕入れたり生産したりできると、在庫リスクもなく確実なわけですが、納品までに時間がかかるデメリットがありました。

反対に、納品までの時間を優先して、先に見込みで仕入れたり生産したりする場合は、売れなかった場合の在庫リスクが生じます。これを、先行指標を使ったフィードフォワードによって解消します。

営業DXによって案件先行管理や見積先行管理が行われるようになると、受注量の見込みが立ちます。これは**SFAや見積書**

作成システムによって営業現場の情報が全社にオープンになっているからこそできることです。

その都度、社会の変化や流行、競合製品の出現など何らかの「外乱」が起こり得ますから、必ず見込み通りになるわけではありませんが、**外乱の検知や予測にもデジタルやＡＩの力を活用できれば、見込みの精度をさらに上げることが可能**です。

営業ＤＸを進めることで、仕入れや製造の精度や効率も上がります。データ連携によって、仕入ＤＸ、製造ＤＸを進めていくこともできます。

8

第8章

営業DXは
ビジネスモデルを変える

営業DXから全社DXへ

前章まででで見込み客・失注客のデータを収集し、社内共有し、継続的なアプローチをするための仕組みを作りました。

顧客に対して、効率的に価値を提供し続け、受注・失注にかかわらず営業をやめない無限ループを、デジタルを駆使して実現していきます。

営業部門、営業機能に限定して考えれば、ここまでの取り組みで充分だと言えるかもしれませんが、第1章で紹介した図表12のように、営業DXを起点として全社DXへと展開していくと同時に、営業DXから営業部門の枠を超えてビジネスモデルを変革し、競争優位を確立する経営戦略の見直しにつなげていくべきです。

本章では、営業DXからビジネスモデルをどのように変革させていくのかという視点で、経営戦略を語りたいと思います。

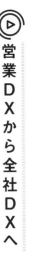

図表12（再掲）：営業ＤＸを起点に全社ＤＸを実現する

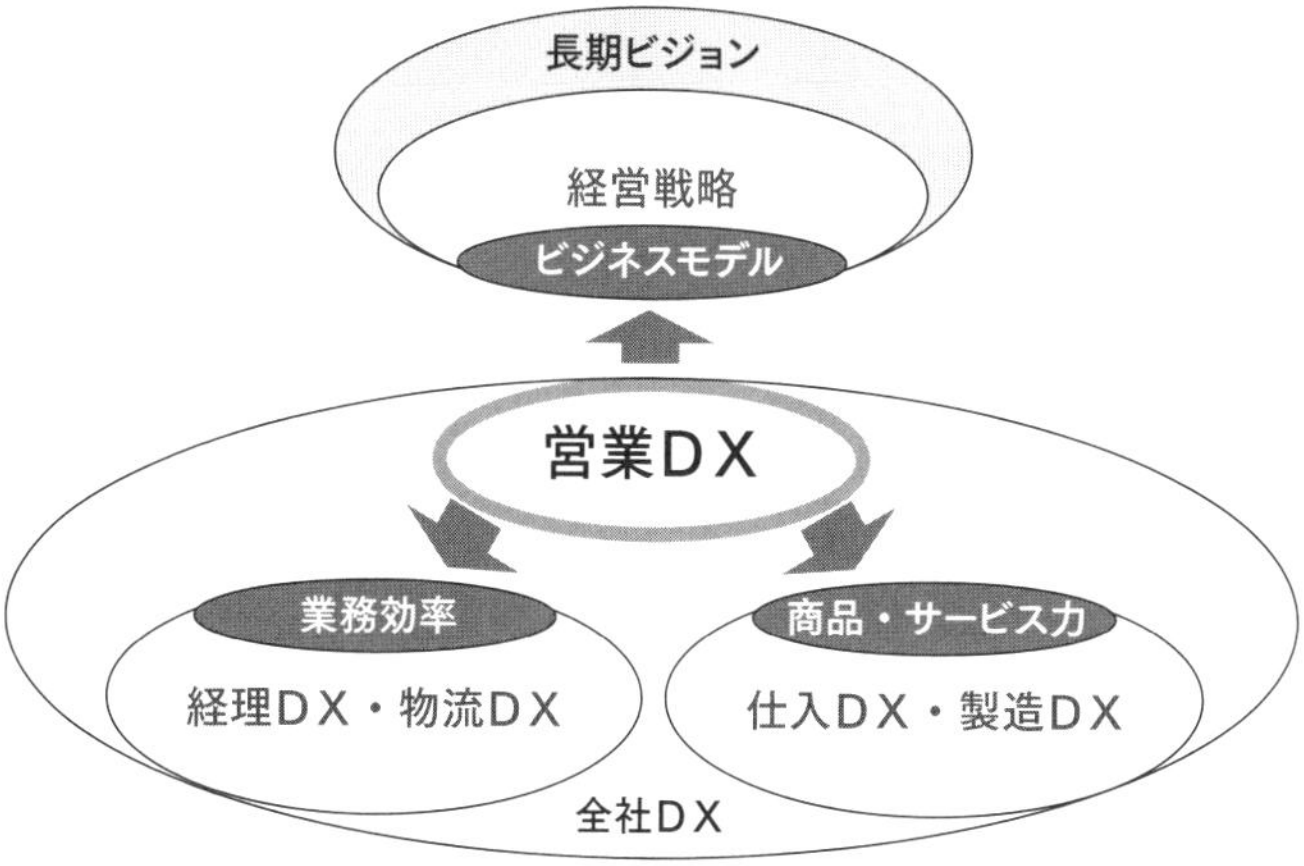

関係性を活かし、単発のモノ売りから継続的なサービス売りへ

長期にわたって顧客との関係を継続するためには、顧客側が「取引を続けたい」と感じるだけの価値を提供する必要があります。

しかし、これは、丁寧に対応しようとすればするほど手間とコストがかかります。

自社の商品やサービスを購入してくれた大切な顧客ではありますが、必要以上の手間やコストをかけるのは、無駄も多いでしょう。すでに販売や契約が完了した後ですから、その顧客からすぐに次の売上や利益が見込めるわけではありません。

けれども、継続的な関係性を維持するためには、営業担当者としてしっかりと対応する必要があり、そのジレンマを埋めるのがデジタルの力です。これがＣＳＡ（カスタマーサポートオートメーション）の基本的な考え方でもあります。

そして、ＣＳＡによって顧客と良好な関係性を獲得できれば、継続的につながっているからこそ提供できる価値が生じます。

企業としては、それを有償化すれば、単発のモノの販売から継続的なサービスの販売への移行が起こります。売り切りからサブスクへのビジネスシフトも可能です。

単発のモノ売りで関係性が終わるのであれば、顧客が購入後にそのモノをどう使おうが関係ありません。顧客が買った後で満足するかどうかは、その場での売り手のビジネスに直接的な影響を与えません。

しかし、**顧客と長期にわたって関係性を保持し、それに対価を支払い続けてもらうためには、その顧客がモノによって何をしたいと思っているのか、購入後もうまく使いこなせているのか、それに満足しているのかを把握する必要があります。**

マーケティングの世界では「ドリルを売るには、穴を売れ」という有名な言葉があります。

マーケティング界の巨匠セオドア・レビット氏が１９６８年に出版した『マーケティング発想法』からの引用で作られた言葉で、消費者は商品（ドリル）が欲しいのではなく、結果（穴）が欲しいということを表す名言として知られています。ただ、この発想は、今や、甘いです。

現代のビジネスでは、ただ単に穴を売れば良いのではなく、その穴は何のための穴なのか、穴があることでどういうメリットがあるのか、その穴の開け方をより良くする方法はないのか、穴を開けた後にどんな素敵な未来を作り出そうとしているのか、といったことまで含めて、売らなければなりません。

デジタルの力を活用し、単発のモノ売りから継続的なサービス売りへとビジネスモデルチェンジを促していくことを考えましょう。

次項では、モノ売りからサービス売りにシフトするとどう変化するのかを考えてみたいと思います。

サービス売りの肝となる「タレント」社員の最大化

顧客は同じサービスを受けるなら、仕事ができる人、感じのいい人から受けたいと思うでしょう。もちろん、単に商品を購入する際にも、できれば感じのいい、テキパキと段取りのいい営業担当者の方が望ましいのですが、**サービス売りの方が関係性が継続的に続くため、より魅力的な担当者が優位**となります。

となると、サービス提供もできる優秀な営業担当者、すなわち個々の魅力を売り物とする「タレント」の存在が重要になるのです。

ですが、物理的・工数的な限界があるため、少数のタレントだけに依存するのは難しいでしょう。そこでデジタルの力を活用し、タレントの力を最大化します。

オンラインサービスや動画配信などを使って、タレントの活躍の場を拡大・創出す

ることができれば、売上アップが実現可能です。

同質化された商品（見た目では違いが分からない保険や金融商品などが典型）を属人的な魅力や努力で差別化して売る営業担当者に対しては、従来、その成果に対して高いインセンティブを支払うことで評価してきました。それと同様に、デジタルサービスを活用したタレント社員にもそれに応じた高い報酬を与えることは必要でしょう。

そうなると、人の採用、雇用、育成、活用に対する考え方や取り組みが変わり、それに伴い組織も変わり、経営の在り方も変わらざるを得ず、まさにDXが進むことになります。

サービス化という点では、自社のDXをうまく進められた会社は、DXに成功したノウハウに基づくアドバイスや作り込んだシステムを同業他社などに販売することで、DXのコンサルティングサービス会社になることもできます。

「うちの会社は○○屋だから」と、従来の業種やビジネスによって思考やチャレンジに制約を加える必要などありません。

図表44：営業ＤＸの二層構造

・サービス部分

少数のタレントが生み出す価値（コンテンツ・無形資産）をデジタルの力で拡散する

・モノ売り部分

普通の人が普通に頑張れば普通に成果が出る仕組みをデジタルで作る

そう考えると、営業ＤＸで実現する営業組織は、図表44で示すような二層構造になります。

土台の部分は、従来の商品を扱うモノ売り部分。ここでは、普通の人が普通に頑張れば普通に成果が出る仕組みをデジタルで作ります。当面のビジネスを支える経営的な土台でもあります。

二層目はサービス提供部分。ここでは、少数精鋭のタレントが生み出す、他社とは差別化された価値をデジタルの力で拡散します。この二層目に付加価値があることで、一層目のモノ売りが促進されるという相乗効果もあります。

デジタル人材がいない中小企業は、リソースにも限りがあるので、担当者の顔が見えるリアルな要素を残し、完全にデジタル化された巨大企業とは一線を画す必要があります。

機能や便益に着目し、サービス化を考える

サービス化するうえでの注意点として、顧客の求めに応じて何でもかんでも対応してはいけません。中小企業のリソースでは総花的な対応は不可能なので、一定の方向性を決めて、絞り込む必要があります。

その際には、**自社が提供する物理的な商品ではなく、その商品が提供・実現する機能や便益に着目して考えるといいでしょう。**

たとえば、提供している商品は車だというところからスタートするとサービス化の

可能性は、せいぜいメンテナンスや部品の供給・アフターサービスなどで終わりになります。ところが、移動（モビリティ）という機能を提供していると考えれば、移動しやすいようにカーナビ情報を提供する、販売ではなくカーシェアを利用してもらう、さらには自動運転にして寝ていても行きたい場所に移動できるようにするなど発想が広がっていきます。

また、「走る楽しさを提供している」と顧客の便益に着目して定義してみると、快適に走れる道路情報の提供や走行データをもとにしたドライビングテクニックを教えるサービスなどが考えられます。

サーキットなどの専用コースを提供して、走りを楽しむ同好クラブを作ってイベントを開催するといったアイデアも出てきます。

物理的な商品ではなく、その商品が提供している機能や便益に着目することで、様々なサービス化の方向性が考えられます。

物理的ドメインからシフトせよ

図表45は、物理的定義から機能的定義へ、さらに便益的定義へというドメインシフトの具体例です。

ぜひ、自社にも当てはめて考えてみてください。

ほとんどの会社は、自社のドメインについて扱っている商材によって物理的定義をしています。家具を作っていれば家具屋、家具製造業、魚を売っていれば魚屋、鮮魚小売業という具合です。分かりやすいし、産業分類もこうなっている。同業組合もだいたいこの分類で作られていますから、そういうものだと思い込んでしまいます。

しかし、作っている家具が顧客に提供している機能は何かと考えてみると、たとえばタンスなら、収納機能を提供しているわけですから収納機能提供業だと言うこともできます。

また、顧客が実現している便益に着目して、家具によって快適な生活を顧客にもた

図表45：ドメインシフトの具体例一覧

物理的定義	機能的定義	便益的定義
・鮮魚小売業	・DHA提供業	・メタボ対策業
・花・植木小売業	・暮らしの潤い提供業	・癒し生活実現業
・自動車製造業	・モビリティ提供業	・走る楽しさ提供業
・化粧品製造業	・美人・美肌創造業	・自信・元気提供業
・家具製造業	・収納機能提供業	・快適生活実現業
・ネジ製造業	・緩み撲滅業	・メンテナンス費削減業
・システム販売業	・業務効率改善業	・コストダウン実現業
・コンサルタント派遣業	・コンサルティング業	・企業体質強化業
・警備員派遣業	・警備保障業	・安全・安心提供業

他社と同じことをより良くするのではなく、違うことをする！

らしている快適生活実現業だと言ってもいいでしょう。

分かりやすいように、誰しもが思いつきそうな例を提示していますが、もっといろいろな意見や考えがあっていいのです。なぜなら、他社とは違うことがしたいからです。

ドメインを機能的定義や便益的定義に変えて、思考を柔軟にしたところで、図表46のサービス化検討シートを参考に、より具体的にサービス化の方向性を考えていきましょう。

「商品・製品」「機能・利用シーン」「便益・目的・結果」「予想される問題」という要素をそれぞれ考えて記入します。

そして、出てきた内容に基づいてサービス化

図表46：サービス化検討シート

商品・製品	機能・利用シーン	便益・目的・結果	予想される問題
商品名 製品群名	どういう機能や役割を担うものなのか。 それはどういう利用シーンで使われ（消費され）るのか。	それによって顧客はどういうメリット・便益を得るのか。 どういう目的でその商品を利用するのか。 その結果どういう状態になることを目指しているのか。	実際に購入後の顧客がお困りの事象。 よくある問い合わせ内容。 利活用時に起こり得る問題や障害は何か。
例） 自動車	例） 場所から場所への移動 通勤・旅行・買い物	例） 疲れず、楽に移動できる 雨に濡れず移動できる 自由な時間に移動できる	例） 駐車場確保が困難 燃料費や税負担 故障およびメンテナンス

→サービス化の方向性：カーシェア・自動運転・移動中の情報提供（天気・買い物・飲食店）

の方向性を考え、実現性の高いものに絞り込みます。

「商品・製品」には、自社の商品もしくは製品群を入れます。

そして、「機能・利用シーン」を考えます。いろいろなケースがあるでしょうから、思いつくままに書き込んでみましょう。

次に、「便益・目的・結果」の欄に、その利用シーンでどんなメリットを得ようとしているのか、どんな目的でその商品を利用するのか、それによってどんな結果になることを望んでいるのかを書き込みます。

ここまでくると、実際に自社の商品そのものを顧客は求めているわけではないことに気づくはずです。そこにサービス化のヒントがあります。

「予想される問題」は、顧客が求めているメリットや結果を実現するうえで、障害になっているモノやコトを除去してあげるというサービスの方向性を考えるための欄です。ここにも自社がサービス提供するヒントが隠れていることがあります。

考えるだけならコストもかからず失敗もありませんから、自由な発想で考えてみてください。

実行段階になったときに、自社のリソースに合わせて絞り込めば良いので、発想段階、構想段階では制約や限界を考えずに自由に検討してみることが大切です。

サービスの付加は、決して新しいものではない

商品（モノ）に対してサービスを付加することは、決して新しいものではなく、デジタル化とは関係なく昔から当たり前のように行われてきたことです。

たとえば、鮮魚卸が仕入れた魚をそのまま納品するだけではなく、うろこを取り内臓を抜き、さばいて三枚におろし、切り身にするなどの加工サービスを施したうえで納品することがあります。顧客がやらなければならないことをまとめて先にやってあげるサービスです。

同じように、米穀卸が、玄米や精米を単純に業務用工場や飲食店に納品するのではなく、炊飯して「ごはん」の状態で納品することがあります。米を仕入れた顧客は、洗米し、炊飯して、「ごはん」にしなければならないので、そこまで実行して納品するサービスです。

モノを売るだけでなくサービス化によって付加価値を乗せて販売するのが、決して特別ではないことがよく分かります。

これらは、**顧客が購入後に行うことを代わりに前もってやる形のサービス**です。

そのような発想で考えると、検品や倉庫整理、棚出し、加工、鮮度管理や在庫管理などを納品と併せて請け負う形のサービスが見えてきます。

さらに、それを販売する場合の支援もサービスになります。

販売時の支援サービスとしては、棚割り、品ぞろえ、販促活動やマネキンの派遣などがあります。こう考えていけば、どんな業種、どんな会社でもサービス化の可能性があります。

ただし、サービスは手間がかかります。これを従来通り、人が動いて請け負っていたのでは採算が合わないので、デジタル活用で実現できないかを検討する必要があります。

人手がかかっている分野は、多くの場合採用難や人件費増に苦しんでいるので、DXによる変革の余地があります。

「モノからサービスへ」の有名な成功事例をいくつか挙げておきましょう。

最も有名な事例はＩＢＭでしょう。今ではハードウェアメーカーからソフトウェアサービス企業へとビジネスモデルを転換しています。

クリエイティブソフト＆アプリを提供するアドビが、従来の売り切り型のビジネスモデルから月額課金のサブスク型に移行したことも話題になりました。大胆な転換でしたが、業績は好調です。

国内ではトヨタのサブスクリプションサービス「ＫＩＮＴＯ」があります。レクサスなどトヨタの新車を毎月定額で利用できるもので、月額利用料には車両代金の他に自動車保険や税金、メンテナンス代も含まれています。

今まで通りに商品を売ることをベースにしながら、そこにサービスを売ることを加えます。それによってビジネスモデルを変えていくのです。

アイデア次第でサービス化の可能性は広がる

スポーツ用品の製造・販売を行っている株式会社アシックスはシューズにサービスを付加し、顧客との継続的な関係性を実現しています。

「ＲＵＮＷＡＬＫ　ＯＲＰＨＥ」というビジネスシューズは、「ココロとカラダを整える」というコンセプトのもとに、ビジネスパーソンの日常的なパフォーマンスの向上をサポートするためにウォーキングの指導というサービスを付加しています。

トヨタやアシックスのような大手メーカーでなくても、サービス化の可能性はあります。機械工具卸売会社のトラスコ中山株式会社は「富山の置き薬」の概念を応用したサービス「MROストッカー」で「工具ではなく即納を売る」という新たなビジネスモデルを確立しました。

「即納を売る」というのは、同時に、モノづくりの現場を止めないサービスでもあります。見事な発想の転換例として多方面から注目され、経済産業省と東京証券取引所が選定する「デジタルトランスフォーメーション銘柄2023」の「DXプラチナ企業2023-2025」にも選ばれています。

自社なりの「商品+サービス」提供のビジネスモデルが実現できたら、次のステップとして、**他社を巻き込んだミニプラットフォームづくり**を考えてみるのも面白いと思います。

大事なのは「ミニ」ということです。デジタル人材がいない中小企業が、グローバルなプラットフォームや、日本全体を対象とする巨大なプラットフォームを作ろうとしても、競合が現れてすぐに席巻されてしまうことになります。

まず中小企業が取り組むべきは、同業者や同じ販売先へ納品する、もしくはサービス行為を提供している業者を巻き込んだミニプラットフォーム戦略です。

取引先と継続的な関係性が築けたら、サービス化する目途を立て、そこに相乗りできそうな同業者や共同物流などで効率アップが望めるパートナー企業を探します。プラットフォームを共にする企業とは、デジタルの力を使って物理的距離や時間の壁を越えた情報共有を実現し、より効率的な業務プロセスを作ることができるでしょう。

他社に相乗りしてもらうことで、自社だけではできなかったことが補完され、よりまとまった質の高いサービスを提供できるようになります。それによって、顧客に対するメリットはより大きくなります。

自社単独では顧客側が受け入れにくい場合でも、その製品カテゴリーをまとめてサービス提供することで大幅な工数削減やコストカットを実現し、受け入れてもらいやすくなります。

たとえば、残業規制で人手不足が深刻になると予想されている物流分野では、ユニ・チャームとライオン、エステー、パルタックが共同物流を始めるなど、すでに大手企業を中心に多くの事例があります。今後、ますます増えていきそうです。

課金方法をどうするか？

サービスに値段をつけるのは、なかなか難しいものです。ましてや「商品」があっての付加的なサービスだとなおさらです。

商品の販売による利益がしっかり確保できていて、追加サービスにかかるコストをその中でカバーできるのであれば、追加サービスを無料で提供する考え方もあります。デジタルを活用する場合には、初期費用はかかりますが、限界費用はほぼゼロなので運営コストはそれほどかかりません。競合他社との差別化が実現できることも大きなメリットです。

顧客への訴求力が高まり、新規顧客の獲得を進める際にも有利でしょう。しかし、

サービスのコスト分は利益が減ってしまうので、そのバランスについては検討の余地があるでしょう。

一方、**提供するサービスに課金する、すなわち課金できるサービスを提供するという考え方もあります。**より大きな利幅を確保できるのは魅力的ですが、顧客へのメリットや、サービスの価値を提示して有料に値すると信用してもらう必要があります。

他には、サブスクリプションのように安価での月額使い放題サービスを提供する方法もあります。限界費用がほぼゼロだからできることですが、データが蓄積されていく場合には、データ保管コストが積み上がることをあらかじめ考慮しておく必要があります。

蓄積されたデータをどう扱うか、たとえば一定量を超えたら消去する、一定以上使用した場合は課金が始まるなどのルール決めについても考慮する必要があります。

基本的なサービスは無料で提供し、高度な機能や特別なサービスについては課金する仕組みのビジネスモデルをフリーミアムと呼びます。

「フリー（無料）」と「プレミアム（割増料金）」を組み合わせた造語です。

しかし、新規客を獲得するためにフリーミアムを使う場合、無償客が増えるとコスト負担は増大し、そのコストは有償客に負わせざるを得なくなります。

無償客（フリー）と有償客（課金）のバランスが崩れると破綻することもあり得ますので、課金方法はしっかり考えておかなければなりません。

データが貯まるとコストが嵩むという弱点を、逆転の発想で、そのデータをお金に変えてプラスに転じることも考えてみるべきです。

個人情報を売ることはできませんが、個人を特定できない形でデータ分析を行い、そのデータを必要とする企業などに販売することは考えてみる価値があります。

その販売利益によって、顧客に対する価格を低く抑えられるのであれば、それによって利用者が増えて、さらに多くのデータが集まり価値あるデータがとれる「善循環」を作れる可能性もあります。

その例として、ナインアワーズというカプセルホテルがあります。ナインアワーズのホテルに宿泊すると、宿泊者の了解のもと無料で睡眠の質や呼吸状態、いびき音や寝顔画像などを測定して、その結果を睡眠レポートという形で宿泊者に送付します。ナインアワーズは、そのデータを匿名化したうえで集計・分析し、ベッドやふとん、枕メーカーなどスリープテック企業に販売してコストを回収しています。

営業担当者の評価を変えなければならない

モノからサービスへ、また、売り切りからサブスクのような課金ビジネスへとシフトすると、売上や利益の上がり方が変化します。

安定はしますが、売上が一気に上がることはなくなります。そうなったとき、**営業担当者の評価をどうするのかについても考えておく必要がある**でしょう。

商品がモノからサービスへと移行すると、営業担当者が売りたがらないという理由で販売が停滞することがあります。

なぜなら、売り切りであれば大きく売上や利益が計上できていたのに、サブスクになればわずかな売上しか計上されないからです。

短期の売上や利益で営業担当者を評価している企業が多いので、**ビジネスモデルに合わせて、2〜3年分の想定売上で評価したり、契約件数を評価項目に加えたりといった工夫が必要**です。


さらに、販売チャネル、販売代理店や卸業者が間に入る場合は、それぞれのチャネルに販売インセンティブや代理店フィーをいくら落とすのかも問題になります。

商品がモノからサービスに移行することによって売上や利益が小さくなることを嫌がる代理店も出てくるでしょう。

無理にサブスク化を進めようとしたりすると、競合メーカーの売り切り商品の方を売りたがることにもなりかねません。**いかに長期的にメリットを享受できるか説明し、納得してもらうかも重要な課題**です。


従来のモノ売りからサブスクへの移行は、一気に進めるのではなく徐々に行う方がよいでしょう。

ただ、モノとサービスのバランスを徐々に変えながら、段階的にサービス化を進めていこうとしているところに、新興企業が目を付けて、いきなりサブスク一本で参入してくることもあり得ますので、要注意です。

DX時代における競争力の源泉は無形資産

これからの時代、企業の競争力を左右するのは、デジタル化が生み出す無形資産です。たとえば、開発したソフトウェア、その過程で獲得した熟練のスキルやノウハウや知識、顧客データや測定され生み出された実証データなどです。それらを活用して新しい事業・ビジネスモデルを生み出すことがDXなのです。

DXは無形資産を生み、その無形資産を活用してさらに無形資産を生む、無形資産増大（無限ループ）戦略でもあります。

ただし、これら無形資産は資産計上されません。データを取得した際の経費（取得費用と開発費用）は資産計上されますが、あくまでもコスト分だけであって、それにどんな価値があるのかは評価されないままです。

たとえばＤＸを通じて生み出したソフトウェアやビジネスモデルで特許を取得したとしましょう。特許の申請費や登録料は費用計上されますが、特許をとることでどれだけの価値が生じるかが資産として計上されることはありません。**このような資産計上されることのない無形資産の価値を正しく認識し投資することも重要**です。

無形資産には４つの特性があると一般に言われています。

①複製性→形（物質）がないから、簡単にコピーでき、劣化しない。

②伝搬性→無形物なので簡単に運ぶ（伝搬する）ことができる。デジタルを媒介とすれば物理的な制約も時間的な制約も超えて世界中に配布することができる。

③残存性→配布した後も、原本は手元に残る。減ることもない。また、配布コストはほぼゼロ。

④模倣性→形がなく一気に伝搬するゆえに、模倣されやすい。特許や商標で保護されている部分以外は、模倣されても戦いようがない。

DXの推進により無形資産を生み出し、それを複製し、限界費用ゼロで拡散させることで大きな成果を上げることができます。その一方で、成功事例はすぐに模倣され、真似をする企業が一気に増えることがあります。

そこで、DXがうまく進んだら、他社に模倣される前に、自社でそのノウハウやソフトウェアを販売することを検討しましょう。DXコンサルタント、DX支援企業になり、システム販売も行います。それを実現すれば、れっきとしたデジタル企業です。そうなれば、採用できないと諦めてきたデジタル人材も採用できるようになり、採用した人材が活躍する場を用意することもできるようになります。

営業DXはこのようにビジネスモデルを変え、経営を変えていくことができます。

終

終章

営業ＤＸは
企業経営の要である

孫子の兵法「兵の要にして　三軍の恃みて動く所なり」

孫子の兵法にこのような言葉があるのをご存じでしょうか。

「惟《た》だ明主・賢将のみ、能《よ》く上智を以て間者《かんじゃ》と為して、必ず大功を成す。此れ兵の要にして、三軍の恃《たの》みて動く所なり。」（用間篇）

戦争をするときに何が大事かというと、間者（間諜）を使うことだと孫子は言います。それも優秀な人材を間諜にすべきだと言うのです。それによって大成功するのだと。

それは、なぜか。

間諜がもたらす情報こそが戦争の要であって、それに基づいて全軍を動かすからです。どれだけ戦力・兵力があろうとも、国王や将軍に間違った情報が伝えられ、その誤情報に基づいて意思決定して全軍を動かしたとすると……戦力や兵力の比較など意味のないものになってしまう。**孫子は紀元前５００年、中国春秋時代の人ですが、紀**

元前の戦いも現代の戦争も、情報戦であることは誰しも否定できないでしょう。

これを現代のビジネスシーンに置き換えるならば、優秀な経営者だけが、優れた人材を営業担当者（間諜）として用いて必要な情報やデータを得て会社を成功に導く。なぜなら、情報こそがビジネスの要であり、それに基づいて全社を動かすからです。**間諜は現代では営業担当者に置き換えることができますが、ビジネスにおいては情報そのものが重要**です。

孫子の時代には、通信技術もインターネットも、デジタルツールもなかったので、情報を得るには間諜を使い、旗や狼煙で合図を送るくらいしかできませんでしたが、現代ではデジタルで情報を収集し、瞬時に伝達することができます。

情報は、常に戦いの「要」です。その情報が間違っていれば、会社は間違った意思決定をすることになりかねません。また、情報の使い方を間違えても、会社の進むべき方向を見誤ることになります。

そうならないためには、正しい情報をつかみ、正しくその情報を使うことが大切です。特に、営業DXは、マーケットに出て、顧客の情報を収集してくる起点になりますから、企業経営の「要」であり、顧客に向き合うために欠くことのできない取り組みであることが分かると思います。**「営業DXなくして、経営なし」**なのです。

営業DXが経営戦略の仮説検証ループを循環させる

「営業DXなくして、経営なし」ということは、図表47で示すことが可能です。どれだけ検討され、練り込まれた経営戦略であっても、これだけ世界が混沌とし、先行き不透明な環境の下では、あくまでも仮説に過ぎず、正解はありません。となると、**「戦略仮説」は「実行」して「検証」しなければなりません。**

経営戦略の仮説検証ループは、「戦略仮説」から始まり、「実行」に移ります。戦略実行の最前線は営業もしくは販売の現場です。ここで、図表47の下の「顧客提案」→「顧客反応」→「ダム化」のループに進みます。

これが、営業DXの循環ループです。営業活動も、ダムから上がってきた見込み客

図表47:戦略と営業の仮説検証を高速で回す

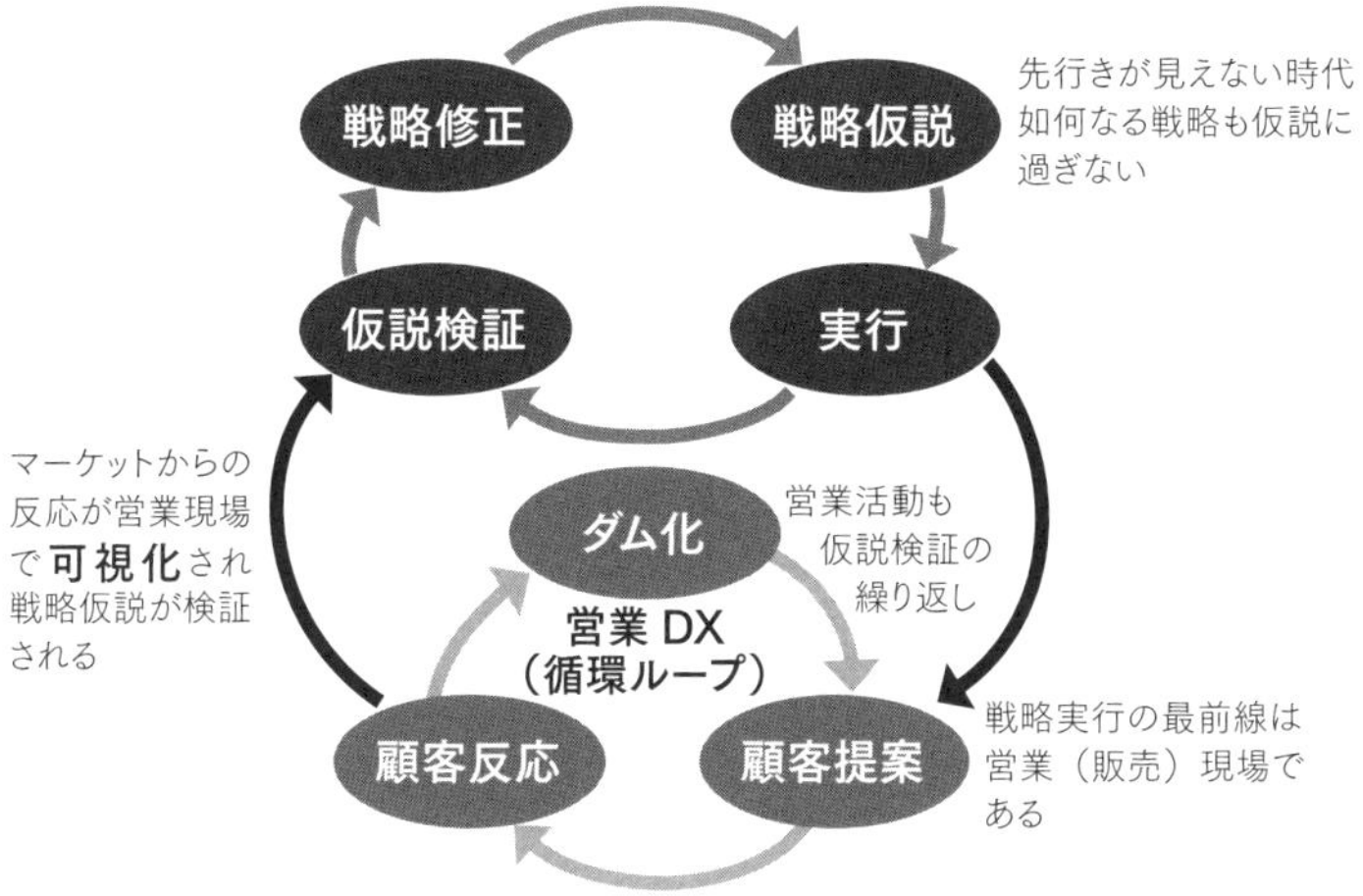
戦略修正
戦略仮説
先行きが見えない時代
如何なる戦略も仮説に
過ぎない
仮説検証
実行
マーケットからの
反応が営業現場
で**可視化**され
戦略仮説が検証
される
ダム化
営業活動も
仮説検証の
繰り返し
営業 DX
(循環ループ)
戦略実行の最前線は
営業（販売）現場で
ある
顧客反応
顧客提案

に対して提案し、顧客の反応をキャッチして、またダムに戻すという、仮説検証を繰り返します。

そして、このループの過程で可視化された情報が上の「仮説検証」のループに戻っていきます。

その結果に基づいて戦略に「修正」がかかり、新たな戦略仮説が立てられます。営業ＤＸが機能しているからこそ戦略の仮説検証ができるのです。

つまり、経営戦略の仮説検証ループを回すエンジンの役割を担うのが営業ＤＸということです。そして、**営業ＤＸは経営を見える化する**ことにもつながっています。

経営を「見える化」する営業DX

経営の「見える化」というと、財務データをもとに売上や利益、経費などをデータ化して見せることを考えがちですが、それは過去の姿です。財務データから見えてくるのはあくまでも、昨日までのデータです。

本来の経営の「見える化」は、会社が前進していくためのものですから、先を見ることに意義があります。経営を判断するためには、過去のデータや実績値を見るだけではなく、**将来どうなるかという未来の予測データを見る必要があります。**それを実現するのが営業DXだと言えるでしょう。

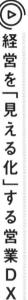

営業DXは会社の未来を変えていくものだからです。

経営の未来を見える化するためには、未来を作る指標、要するに目指す業績を実現するためにはこういうストーリーになるだろうという仮説を立てておいて、それに対して順調に進んでいるのか、ストーリーが外れて仮説が崩れてしまっているのかが見

図表48：アジャイルマネジメント

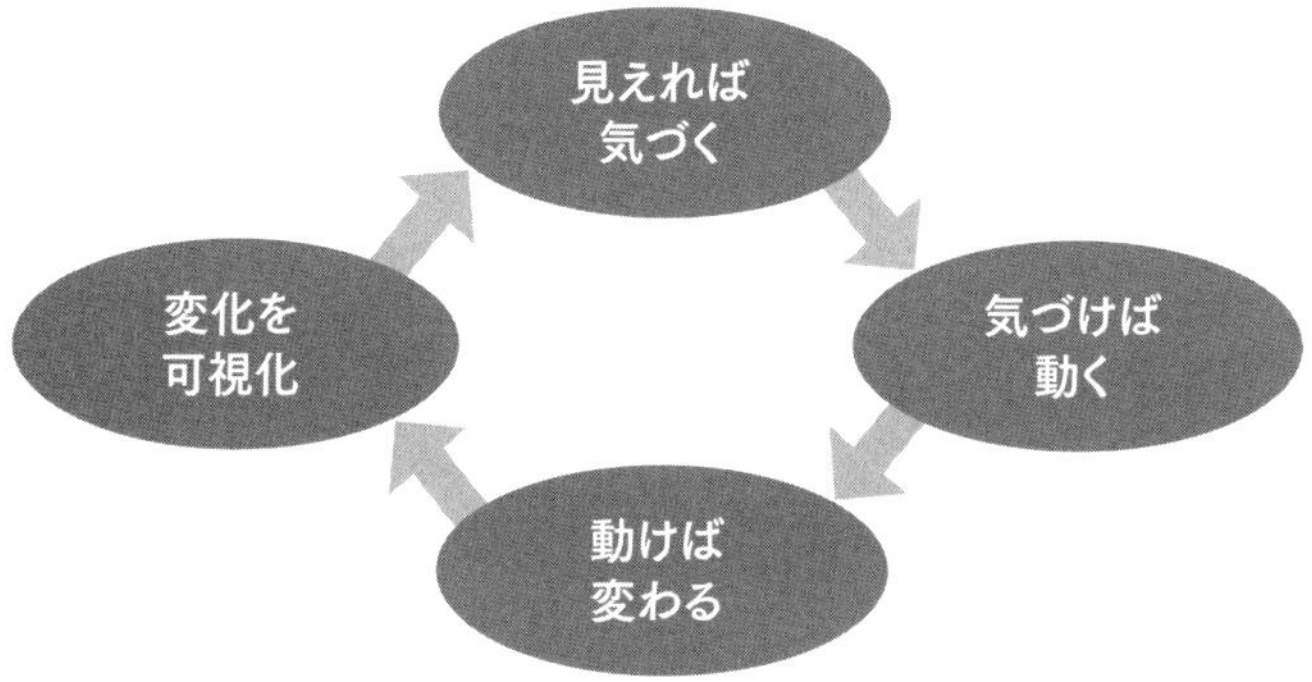
見えれば
気づく
気づけば
動く
動けば
変わる
変化を
可視化

日々変化する経営情報を常にチェックし、
仮説検証スパイラルを高速回転させる！

えなければなりません。

これが、ＫＰＩ（Key Performance Indicator：重要業績評価指標）マネジメントと呼ばれるものです。

単に過去のデータを見て、良かった、悪かったと評価するのではなく、Ａという取り組みによってこうなるはずだ、こういう数値が上がってくるはずだという仮説に基づくＫＰＩと実データの差を見える化することで、自社の未来がどうなるかが見えてくるのです。

仮説とのズレが見えれば、気づきがあります。考えていたストーリーから外れそうになったら、手を打ちます。気づきがあれば動きが出るわけです。

そこで新しい動きがあれば、また変化が起こります。その変化は当然見える化されていますから、また気づきが得られます。この仮説検証をクルクルと回し続けます。**このような手法を、ＤＸの言葉ではアジャイルマネジメントと呼びます。**

営業ＤＸを進めていくということは、日々変化する経営情報を常にチェックし、仮説検証スパイラルを高速で回転させていくことなので、まさにこのアジャイルマネジメントを経営そのものに適用することになるのです。

ちなみに、経営の可視化に必要なものとしてＢＩ（Business Intelligence）ツールを挙げる人もいます。

ＢＩは過去を振り返るのに便利なツールですが、残念なことに、ＢＩを使って分析ばかり繰り返し、管理のための管理をしようとする企業が少なくありません。ＢＩを重要視する人の中には、過去ばかり見てしまい、未来のための手を打とうとしない人が多いようにも感じます。

決して安くはないＢＩツールをわざわざ購入する必要はないと私は考えています。少なくともデジタル人材がいない中小企業には必要ありません。

それよりも、**KPIデータを常に見える化し、コックピット化（人や物、お金を可視化し、経営戦略や戦術と、人の動きを紐づけすること）されていることの方が重要**です。そして、気づいたときにはすぐに動く。

どうしても分析が必要な場合は、SFA等のツールにもある程度の分析機能はついています。エクセルなどにデータを吐き出して分析することも可能です。

デジタル人材がいない中小企業は過去を振り返って議論する余裕はなく、管理や議論のためのデータ分析は不要です。仮説検証を繰り返しながら素早く実行することが何より求められています。

ちなみに、DXの話題でよく出てくるBI、MA、そしてRPA（Robotic Process Automation）は、中小企業には不要だと考えます。

BIとMAについてはすでに述べましたが、RPAについて触れておくと、RPAは同じ作業を大量にこなす場合などには有効ですが、中小企業では業務量が少なすぎてRPAの稼働率が低くなり、無駄なコストになりかねません。

また、RPAは、現状の作業手順のまま、人力でやっていたことをソフトウェアロボットにやらせてスピードアップして大量に処理をするというものなので、ＤＸの観点から考えると、その作業を無くす方向でシステム連携させたり、業務プロセスの変更を行ったりする方がより効果的だと言えます。

戦略や長期ビジョンはありますか？

一度でも接点を持った顧客をすべてダムに入れ、期日管理をする一方で、商品力・サービス力を高め続けて無限ループを作る方法を紹介してきました。

半永久的に無限ループさせる以上、商品やサービスを通じて、顧客に満足してもらい、顧客の成功に寄与できる企業であり続ける経営姿勢を持たなければなりません。

そのように考えると、営業ＤＸとは経営ＤＸであり、営業部門のことだけ、営業機能の強化だけを考えていてはいけないことが分かります。

売り手側のことばかり考えずに、顧客が過去を振り返ったときに「この企業と長く付き合ってきてよかった。この企業がいてくれて、本当にありがたかった」と思ってもらえるような関係性を目指したいものです。

それは短期的な財務データで計ることはできません。目先の商談や、短期の売上や利益、商品が売れるか売れないかだけに目を向けるのではなく、長期的な成功と成長を目指す覚悟が必要です。

そこで、改めて考えていただきたいと思います。**そもそも、戦略や長期ビジョンはありますか？**

弊社では、「富士山ビジョンを描こう」という意識を持って経営に携わっています。クライアント企業にも富士山ビジョンを描くことをお勧めしています。

富士山ビジョンとは、「日本一（エリア一）・世界一」「きれい・美しい・かっこいい」「見た人に感動を与える」「ご利益がありそうな気がする」「周囲に似たような山がない」という5つのポイントを実現するストーリーで語られるものです。

「日本一なんてムリムリ」と端から腰が引けてしまう経営者の方も少なくありません。

しかし、経営は長期戦であり、営業ＤＸは無限ループをロングタームで回していくものですから、本気でやろうとして、できないこと、無理なことはほとんどありません。
今すぐには自信がなければ、是非20年後を想定した長期ビジョンを描いてみましょう。

その際は、全社員と戦略ストーリーを共有しやすい、可視化マップを作ってみることをお勧めします。

図表49は、町の魚屋さんが20年後のビジョンを描き、ニーズを読み解いたら、メタボ対策業を行う会社を目指すことになったという可視化マップの事例です。

サンプルなのでデフォルメしていますが、**20年後のビジョンをストーリーに描けば、必ず大切なポイントでデジタル化が必要になります。**

町の魚屋さんだと思っていたときには、「デジタルなんて魚屋には関係ない」「うちにＤＸとか無理」と考えがちですが、20年後の可視化マップを描き始めると、「そりゃ20年後のためにやるしかないな」「20年後にこうありたいなら、早く着手しないとまずいな」と自然に考えが変わっていきます。

図表49：可視化マップで20年後のビジョンを可視化する

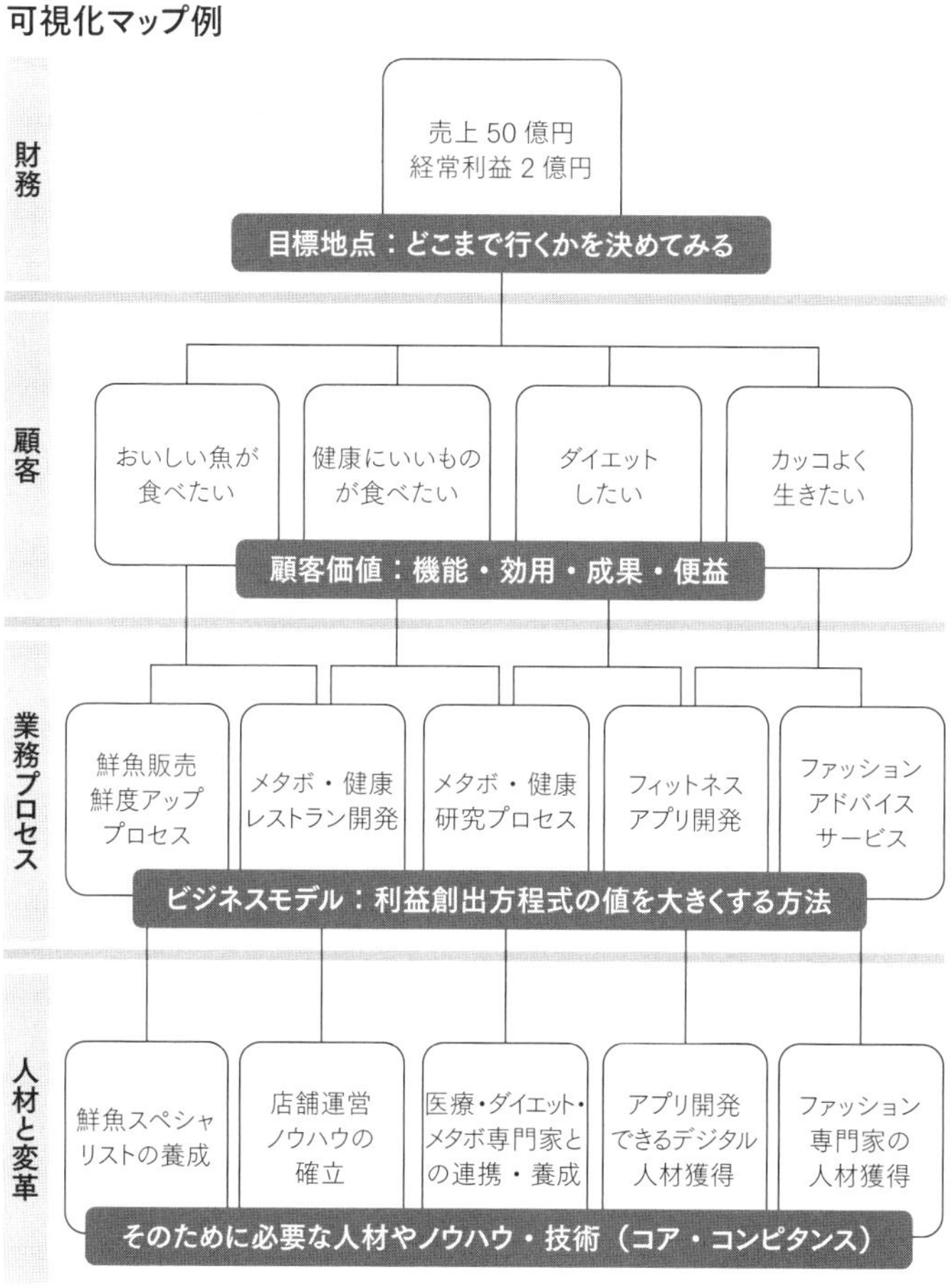
可視化マップ例
財務
売上50億円
経常利益2億円
目標地点：どこまで行くかを決めてみる
顧客
おいしい魚が食べたい
健康にいいものが食べたい
ダイエットしたい
カッコよく生きたい
顧客価値：機能・効用・成果・便益
業務プロセス
鮮魚販売鮮度アッププロセス
メタボ・健康レストラン開発
メタボ・健康研究プロセス
フィットネスアプリ開発
ファッションアドバイスサービス
ビジネスモデル：利益創出方程式の値を大きくする方法
人材と変革
鮮魚スペシャリストの養成
店舗運営ノウハウの確立
医療・ダイエット・メタボ専門家との連携・養成
アプリ開発できるデジタル人材獲得
ファッション専門家の人材獲得
そのために必要な人材やノウハウ・技術（コア・コンピタンス）

これだけ世間で「デジタル化が必要だ」「人口減少はＩＴの活用で乗り切るしかない」「ＤＸで生産性を上げよう」と叫ばれていても、未だに「デジタルなんて必要ない」とおっしゃる経営者が少なくありません。

現時点でデジタル化の必要性がなかったとしても、**ちょっと視点を未来に据えてみれば、今後デジタル化が進み、否応なく使わざるを得なくなることが予想できます。**

実際、すでに現金決済からキャッシュレスへの移行が進み、ＷＥＢ会議は当たり前のように実施され、チャットＧＰＴのようなＡＩに答えを教えてもらうことも始まっています。「やってみたら案外簡単だな」「使ってみたら案外便利だな」と感じた体験は誰しもあるのではないでしょうか。

20年後まで待つまでもなく、やがて数年もすれば、デジタル活用はどの企業でも当たり前のことになり、「ＤＸ」という分かりにくい用語など誰も使わなくなるでしょう。

あなたの会社が、営業ＤＸを通してビジネスモデルを変え、経営を見える化し、長期ビジョンを共有して、しなやかで力強い企業に生まれ変わることを確信しております。

おわりに

経営の神様、松下幸之助氏に、ある人が「成功の秘訣は何ですか」と質問したそうです。すると、松下幸之助氏はこう答えました。

「君、それは成功するまでやり続けることやで」

この考え方は松下幸之助氏の根幹をなすものであったようで、1956（昭和31）年1月15日号の「松下電器社内時報」にも同じようなことが綴られています。

以下、引用します。

成功とは成功するまで続けることである。

成功と失敗の別れ道は、どこまでそれを根気強くやり続けるかということにかかっている。

ほんとうにこの道で玄人になるためには、根気強く自らを鍛えていかなければ、激しい競争に耐えていくことはできない。何でも、とにかく成功するまで続ける。そこから素晴らしい本格的な発展が生まれてくる。

松下政経塾の『五誓《ごせい》』の中にもありました。

常に志を抱きつつ懸命に為すべきを為すならば、いかなる困難に出会うとも道は必ず開けてくる。成功の要諦は、成功するまで続けるところにある。

この考え方は私自身の持論であるストラテジックセールスの「売れるまでやり続ければ必ず売れる」ことにも通じます。

受注するまで追い続ければ、それまでの失注は受注のためのプロセスだったと言えます。失注したところでアプローチを止めてしまうから、失注のままで終わってしまうのです。

やり続けるためには、それをサポートする仕組みが必要で、営業ＤＸによる顧客の

無限ループで実現できます。その仕組みさえ作れれば、業績は必ず上がります。

本書の冒頭でお話ししたように、日本における人口減少はもはや止めようがありません。一民間企業が対処できる問題では到底なく、今後、間違いなく顧客は減り、営業人員の確保も難しくなっていきます。

だからこそ、営業ＤＸは、「待ったなし！」なのです。ＤＸがブームだから取り組むのではなく、取り組まざるを得ない、不可避な状況なのです。

大きな予算がなくても、デジタル人材がいなくても、営業ＤＸは実現可能です。中小企業であっても、デジタル人材がいなくても、諦める必要はありません。全社的なＤＸに取り組むことには躊躇してしまう会社も、売上増に直結する営業ＤＸからスタートしてみることを強くお勧めします。

２０２４年２月

長尾一洋

ブックデザイン：菊池祐
DTP：エヴリ・シンク
編集協力：白鳥美子
画像提供：NIコンサルティング

長尾 一洋（ながお・かずひろ）

株式会社NIコンサルティング代表取締役。中小企業診断士。

自社開発のITツール「可視化経営システム」は、１万社を超える企業に導入され、営業力強化や業務改革をローコストで実現している。

また、2500年前から伝わる兵法書『孫子』の知恵を現代企業の経営に活かす孫子兵法家としても活動。

著書に『デジタル人材がいない中小企業のためのDX入門』『コンタクトレス・アプローチ テレワーク時代の営業の強化書』（ともに、KADOKAWA）、『AIに振り回される社長 したたかに使う社長』（日経BP社）、『普通の人でも確実に成果が上がる営業の方法』『まんがで身につく孫子の兵法』（ともに、あさ出版）、他多数。

売上増《うりあげぞう》の無限《むげん》ループを実現《じつげん》する
営業《えいぎょう》DX

2024年２月19日　初版発行

著者／長尾《ながお》 一洋《かずひろ》

発行者／山下 直久

発行／株式会社KADOKAWA
〒102-8177　東京都千代田区富士見2-13-3
電話 0570-002-301（ナビダイヤル）

印刷所／大日本印刷株式会社

製本所／大日本印刷株式会社

●お問い合わせ
https://www.kadokawa.co.jp/（「お問い合わせ」へお進みください）
※内容によっては、お答えできない場合があります。
※サポートは日本国内のみとさせていただきます。
※Japanese text only

定価はカバーに表示してあります。

ISBN 978-4-04-606606-0　C0034